RÉCIT
DES TEMPS PERDUS

DU MÊME AUTEUR

AUX MÊMES ÉDITIONS

Les derniers barbares
roman, 1969

Le livre noir de la dictature en Grèce
1969
en collaboration avec « Athènes Presse libre »

Zone de surveillance
roman, 1972

Les rats de Hambourg
roman, 1976

Athènes
coll. « Petite planète »
1979

L'homme qui donnait aux pigeons
roman, 1980

ARIS FAKINOS

RÉCIT DES TEMPS PERDUS

TRADUIT DU GREC PAR
ROSELYNE MAJESTÉ-LARROUY

ÉDITIONS DU SEUIL
*27, rue Jacob, Paris VIe*

ISBN 2-02-006269-0.

En 1970, à l'âge de cent trois ans, mon grand-père Vanguélis jugea qu'il avait assez vécu. Un dimanche matin d'avril, il se leva, fit sa toilette, changea de linge de corps, revêtit ses beaux habits, soigna son rosier bien-aimé, puis il fit appeler ses neuf enfants.

Lorsqu'ils furent tous rassemblés, mon grand-père s'assit sur le lit :

— Aujourd'hui je vais mourir, annonça-t-il. Pardonnez-moi et que Dieu vous pardonne.

Ses enfants, des vieilles et des vieux aux cheveux blancs, gardaient la tête baissée et pleuraient. Seule une vieille femme, la plus âgée de toutes, le regardait dans les yeux sans pleurer, elle lui souriait avec douceur et sérénité. Soudain mon grand-père lui fit un signe, elle s'approcha, le mourant la prit dans ses bras, l'embrassa et lui chuchota quelque chose à l'oreille. La vieille femme acquiesça de la tête. C'était ma grand-mère Sophia.

Puis mon grand-père donna sa bénédiction à tous, il s'allongea, se tourna vers le mur et laissa partir son âme.

Sophia mourut le lendemain. Elle avait cent trois ans elle aussi.

Mon grand-père m'avait raconté au fil du temps divers épisodes de sa vie. Les voici reproduits dans ce récit exactement tels qu'il me les a relatés. J'en ai appris quelques autres en interrogeant ses enfants, ses voisins, ses amis qui vivent encore.

Le rosier qu'il soigna avant de mourir vit encore lui aussi. Tout ce que les hommes ne m'ont pas dit, c'est lui qui me l'a confié.

A.F.

Première partie

I

« Tu ne peux pas imaginer quelle belle femme c'était, ta grand-mère… La première fois que je l'ai vue, elle cueillait des olives. J'étais allongé derrière des roseaux, je l'ai entendue chanter et j'ai levé la tête… Dans le village, elle était la seule à ne pas s'attacher les cheveux. Tu sais, c'était une fille de famille, elle faisait ce qu'elle voulait, en quoi elle n'a jamais changé… Figure-toi qu'un jour elle m'a demandé de lui peigner les cheveux un à un, et pas avec un peigne, non, c'est avec les doigts qu'elle voulait !… J'étais tout à ma tâche, quand elle se retourne, me regarde, choisit un cheveu et me dit : “ Celui-ci, tu l'as oublié. ” Oui, elle a toujours été comme ça cette femme, et c'est comme ça qu'elle me plaisait… Je me disais : s'il m'arrive un jour d'oublier un seul cheveu, je suis fichu ! Mais je n'en ai encore jamais oublié…

Donc, derrière les roseaux, j'ai réfléchi : “ Si je sors de là, elle va se sauver. ” D'autant plus que j'étais tout nu, car en sortant de la rivière j'avais lézardé au soleil et je m'étais endormi… Alors, tout doucement, je me suis levé pour reprendre mes vêtements que j'avais laissés un peu plus loin. Mais j'ai fait craquer une branche, elle a entendu le bruit et m'a aperçu… Que faire ? J'étais coincé, j'avais envie de baisser les yeux ; elle, par contre, n'a pas détourné les siens. Elle a seulement cessé de chanter. Elle n'a rien dit, elle n'a pas détalé. Tu te rends compte, une fille de dix-sept ans… Une autre à sa place aurait crié, ameuté les paysans qui bossaient dans les champs de son père. Moi aussi j'étais au service de son père.

Elle a fait demi-tour et elle est partie le plus tranquillement du monde. Elle a simplement oublié son petit panier et ses olives... »

De retour chez elle, Sophia alla s'asseoir sur le perron et y resta des heures à observer le grand cyprès qui s'élevait dans la cour, à côté du puits. Le jour déclinait, une brise légère descendait de la montagne ; devant le regard troublé de la jeune fille, la cime de l'arbre se balançait en mouvements langoureux. Lorsqu'elle se leva, elle alla trouver son père pour lui demander de faire couper l'arbre.

— Ça va pas, toi ? Qu'est-ce qu'il t'a fait ce cyprès ?

— Rien, je ne sais pas, c'est comme ça...

— Tu n'as pas pitié ? Un si bel arbre, et qui ombrage le puits !

— J'irai puiser l'eau la nuit.

Il fit couper l'arbre. Mais malgré la chaleur Sophia ne vint pas au puits tirer de l'eau. Elle s'enferma dans sa chambre, harcelée par la soif, sentant sa gorge se dessécher, son corps s'enflammer. Seule la sueur qui séchait sur sa peau lui apportait un peu de fraîcheur.

Aux premières lueurs de l'aube, les journaliers se rassemblèrent dans la cour, attendirent que le seigneur Photinos avale son café, sorte les saluer et répartisse entre eux les tâches de la journée. Ils étaient là, avec leur pioche, leur bêche ou leurs mains vides comme seul outil. Et le seigneur savait, il savait et décidait, il donnait à chacun l'outil et le travail qui convenaient le mieux à la force de ses bras.

Ce matin-là, Vanguélis arriva avant tous les autres. A la vue du cyprès coupé qui gisait à terre, occupant de son corps imposant et inerte toute la cour d'un bout à l'autre, il eut le cœur serré, mais ne dit rien. Il n'avait pas voix au chapitre : c'était l'arbre du patron, et le patron faisait comme il voulait. Un peu plus tard, devançant les ordres, Vanguélis se découvrit, salua le seigneur : avec sa permission, il irait chercher une scie et une hache pour tronçonner le cyprès, parce qu'il encombrait la cour et gênerait les charrettes qui reviendraient des champs le soir.

— Il est énorme cet arbre, lui répliqua le seigneur. Tu ne pourras pas y arriver tout seul.

— Vous en faites pas, patron, il n'y a qu'un arbre, mais moi, j'ai deux bras. Ce soir, votre cour sera dégagée.

Sophia ne sortit pas de sa chambre. Dissimulée derrière les persiennes, elle se mit à observer Vanguélis qui avait commencé à débiter le cyprès. Soudain, elle le vit poser ses outils, se pencher, plonger délicatement ses larges mains noueuses dans le feuillage pour en retirer un nid tout vivant d'oisillons. Au-dessus de sa tête, les deux parents tournoyaient sans cesse, poussaient des cris plaintifs, venaient voleter autour de ses épaules luisantes de sueur. Alors, Vanguélis grimpa sur un abricotier, choisit la branche la moins accessible et y fixa le nid en l'attachant avec de fines tiges d'osier.

Ce n'était pas facile, et Vanguélis perdit beaucoup de temps. De retour pour le déjeuner, s'apercevant que le travail n'avait guère avancé, le seigneur Photinos s'en prit au jeune bûcheron qui avait surestimé ses forces, l'injuria, le traita de fainéant et de bon à rien.

A table, Sophia resta muette, l'air grave. A force de s'être mordu les lèvres, le sang perlait à sa bouche. Lorsqu'on voulut savoir ce qui lui était arrivé, la jeune fille fondit en larmes et demanda combien de temps il fallait à un cyprès pour grandir, pour arriver très haut. « Parfois, une vie d'homme ne suffit pas, lui répondit son père. Tu peux toujours pleurnicher sur le cyprès ; maintenant, c'est trop tard », ajouta-t-il penché sur son assiette.

Dehors, dans la cour, le soleil tapait dur, mais Vanguélis ne chercha pas l'abri de l'ombre, pas même pour casser la croûte. Il s'assit sur une bûche, sortit de sa musette une tomate, un oignon, une poignée d'olives, et se mit à manger. De la maison du patron, le voyant ainsi au milieu de la cour, en pleine fournaise, on lui cria de s'éloigner, d'attendre que la chaleur soit un peu moins étouffante avant de reprendre son boulot, mais Vanguélis fit la sourde oreille. Il acheva son repas, but à sa gourde deux gorgées de vin, puis se remit au labeur avec acharnement. Le soleil lui transperçait le crâne, l'acier brûlant des coins lui grillait les mains, la sueur dégoulinait de son front, gouttait sur la lame de la scie et s'évaporait aussitôt.

De sa chambre, Sophia observait l'homme qui travaillait sans relâche. Elle savait que Vanguélis était pauvre, très pauvre et orphelin, qu'il avait été élevé par des parentes dans un village à l'autre bout de l'Attique, et qu'il fallait deux jours de marche pour y aller, un jour à cheval. Il était arrivé dans le village de Sophia une pioche et une besace à l'épaule. Ce n'étaient pas les grandes propriétés qui manquaient dans la région ; les paysans pauvres, les sans-terre des contrées lointaines s'y faisaient embaucher comme journaliers, ils pouvaient survivre, envoyer de temps à autre un peu d'argent à leur famille.

« ... Dans le village où je suis né, il y avait bien quelques oliviers, mais ils n'étaient pas à nous, ils appartenaient à un monastère. Seulement, les moines qui venaient pour la cueillette laissaient toujours sur l'arbre quelques olives pour l'huile du pauvre... Mes tantes, qui m'ont élevé, en mettaient un peu de côté pour la veilleuse qu'on allumait le samedi devant les icônes... Le dimanche soir elles posaient la veilleuse sur la table, comme ça elles pouvaient coudre, broder, raccommoder le linge de la maison... Le reste de l'huile, on le versait dans une petite jarre et on le gardait comme la prunelle de nos yeux pour l'hiver. Parfois, quand j'avais très faim, je chipais une croûte de pain et avant de la manger, je la trempais en cachette dans l'huile de la veilleuse. Alors mes pauvres tantes arrêtaient leur couture plus tôt que les autres soirs ou allaient continuer chez une voisine moins pauvre que nous...

Un jour, il n'y avait plus une miette de pain : j'ai plongé le doigt dans l'huile et je me suis mis à le lécher. C'est à ce moment-là que j'ai senti le chagrin m'envahir ; j'ai dit à mes tantes : " Je vais m'en aller, chercher du travail ailleurs ; l'année prochaine, vous pourrez allumer une deuxième veilleuse... " »

Voici comment on raconte aujourd'hui la disparition de Sophia : au début, on craignit que la jeune fille ne fût tombée dans un puits sec laissé à l'abandon. Munis de torches et de falots, car il faisait nuit, transportant des treuils et des cordages sur les épaules, tous les hommes du seigneur Photinos se précipitèrent à sa recherche. A chaque puits, ils installaient en vitesse l'échafaudage, le treuil, et descendaient examiner le fond.

Après avoir fait le tour de tous les puits du village, ils se mirent à fouiller les ravins, les endroits à serpents, à vider toutes les citernes, à passer au peigne fin la moindre parcelle de champ. Le village ne s'apaisa que très tard, au lever du jour, lorsque cessèrent les cris, les hurlements des chiens, le tumulte des hommes qui couraient dans toutes les directions en appelant Sophia. Dans ce silence effrayant qui s'abattit soudain sur tout le village, le seigneur pénétra à cheval dans la cour de sa demeure. Les hommes s'écartaient sur son passage, éteignant peu à peu torches et falots.

Il mit pied à terre, entra dans la maison, referma bien la porte derrière lui, et voyant sa femme qui pleurait dans un coin, lui jeta un chiffon pour essuyer ses larmes.

— Maintenant, parle, grommela-t-il.

— Mais qu'est-ce que tu veux que je te dise ?

— Ce que les hommes ne peuvent jamais apprendre, les femmes le savent déjà. Ta fille, où est-elle ?

— Est-ce que je sais, pauvre de moi ! Je l'ai envoyée ramasser des olives...

Le patron frappa du poing sur la table :

— Et les bonnes que je te paie, et les ouvriers, c'est fait pour quoi ?

— Je lui ai dit d'en ramasser seulement quelques-unes...

— Elle est partie seule ?

— Oui, toute seule.

Le père de Sophia demeura un bon moment silencieux, puis se dirigea vers la fenêtre et se mit à observer les paysans rassemblés en petits groupes et discutant à voix basse. « Ils ont des filles eux aussi, murmura-t-il, ils me comprennent. » Tout à coup, il remarqua Maria, la bonne, qui se pavanait dans la cour, allait de groupe en groupe, bavardait avec les hommes, plaisantait, lançant de temps à autre un coup d'œil narquois vers la maison. Il l'avait engagée l'été précédent, malgré la réticence de sa femme. Fagotée comme une souillon, marchant pieds nus, Maria n'était peut-être pas la perle des domestiques, mais ses jambes, Dieu avait dû les lui modeler au petit matin, avant d'être fatigué, et passer le reste du jour à lui façonner des hanches sublimes. Le seigneur ne l'avait jamais prise de force, Maria n'était pas de celles qui se laissent contraindre. Femme jusqu'au bout des ongles, il lui suffisait d'un regard pour soupeser un homme ; s'il faisait le poids, elle montait elle aussi dans la balance.

Dans la paisible clarté du jour naissant, Photinos regarda sa bonne et sourit. Mais soudain, comme si le jour ne s'était pas encore levé en lui, il baissa la tête.

— Ta fille, elle a quel âge ? demanda-t-il à sa femme.

— Dix-sept ans.

Dans la cour, pour ne pas perdre de temps, les hommes avaient commencé à se partager eux-mêmes le travail et à partir aux champs. Maria se retrouva seule et se mit à arroser les pots de fleurs.

— Et Maria ?

— Dix-sept, elle aussi.

Le seigneur se retourna vers sa femme et la fixa des yeux. Sa voix était calme, avec une pointe de tristesse :

— Oublie ta fille, et prépare-toi à en faire une autre.

« ... Je ne me souviens pas très bien de mon père, il était garde-champêtre, on le voyait rarement à la maison. Ma mère faisait la lessive et les commissions chez les riches. C'était une belle femme. Je crois bien qu'elle avait les cheveux blonds... Quand elle m'emmenait au champ pour la moisson, je n'arrivais pas de loin à les distinguer des épis de blé...

Un soir, on a ramené mon père mort. Il surveillait les champs, tu comprends, et les champs, ça appartient aux riches. C'est pour ça que les autres pauvres ne pouvaient pas le sentir, parce qu'il était au service des riches...

Je n'ai pas pu le voir, on l'avait enveloppé dans une couverture. Un peu plus tard, les pleureuses sont arrivées. Comme nous étions encore plus pauvres que les autres pauvres, ceux qui venaient se recueillir devant le mort laissaient en partant un petit quelque chose à ma mère. D'autres apportaient une poignée de blé qu'ils mettaient dans une petite jarre, pour qu'on ait du pain au moins pour quelques jours...

Au bout d'un mois, ma mère m'a pris par la main et m'a conduit chez des parentes à nous... »

Le seigneur Photinos inspectait ses champs, mais ne descendait plus de cheval comme autrefois, pour plaisanter avec ses ouvriers. On ne pouvait plus lui tirer un mot. Il avait interdit qu'on parlât de Sophia. Un jour, quelqu'un l'avertit de l'absence de Vanguélis qu'on n'avait pas revu à son travail depuis longtemps. Le seigneur fronça les sourcils, éperonna son cheval et galopa vers le logis de son jeune ouvrier. On lui montra une buanderie délabrée : c'était là, sur une paillasse, que Vanguélis couchait.

— Il est parti quand ? demanda le patron.

On lui indiqua le jour, il calcula et comprit. Mais pour en avoir le cœur net, il n'y avait qu'un seul moyen : aller voir dans le village de son ouvrier.

Or, là, les choses se compliquaient. Dans ces régions le seigneur Photinos n'avait ni pouvoir ni champs, les gens étaient différents, durs et fiers, et loin de les disperser la pauvreté ne faisait que resserrer leurs liens. Descendue du nord depuis des siècles, leur race avait mûri au cœur des montagnes, le long des sentiers de chèvres. Malgré toutes les années qui s'étaient écoulées depuis leur arrivée en Attique, leur sang n'avait pas encore oublié le besoin de solidarité face aux dangers du chemin. Ces gens-là ne trahiraient pas Vanguélis, le seigneur en était sûr, ils ne desserreraient pas les dents, même s'il leur promettait toutes les richesses du monde.

Mais le plus grand risque, c'était le fusil. Là-bas, hommes et femmes apprenaient dès le berceau à faire la guerre et préféraient se priver de nourriture plutôt que de laisser sans poudre et sans plombs l'arme accrochée en permanence derrière leur porte.

Dans chaque maison, c'est un fusil qui attendrait le seigneur Photinos ; le père de Sophia le savait bien.

C'est pourquoi, tout près d'atteindre ces régions, il tira sur les rênes de son cheval, mit pied à terre et s'assit sur une pierre pour réfléchir et prendre une décision. Il n'avait qu'une fille, mais il devait aussi penser à sa fortune. S'il venait à disparaître, il n'en subsisterait rien ; champs, maison, tout serait disséminé, livré à des mains étrangères et incapables. Avec un autre enfant, un fils, ce serait différent... Et là, assis au bord du chemin, il regretta le sperme qu'il avait gaspillé çà et là, de nuit en nuit, dans d'autres lits que le sien. Sa femme n'en recevait que les dernières gouttes, lorsqu'il revenait au petit matin, éreinté, les jambes rompues.

Le seigneur Photinos plaça plusieurs de ses hommes en

sentinelle pour surveiller les alentours et le prévenir aussitôt s'ils apprenaient quelque chose ou apercevaient les deux fuyards. Puis il retourna chez lui, sombre et pensif. Ce soir-là, contrairement à ses habitudes, il n'attendit pas d'être couché pour enlacer sa femme. Pressé, il l'allongea brutalement près de la cheminée et se mit à la déshabiller. Indignée, la femme se récria, mais le seigneur n'entendait rien ; il se dévêtit à son tour et l'étreignit. C'était la première fois qu'il le faisait avec autant d'anxiété et de rage. Par habitude, au bon moment, la femme voulut se retirer, mais Photinos la retint fermement, il ne laissa pas se perdre une seule goutte de son sperme.

« ... Lorsque ta grand-mère est venue me trouver, il faisait presque nuit. “ Je me suis sauvée de chez moi, elle m'a dit, enlève-moi, prends-moi avec toi. — Et tes parents ? ” je lui fais. Sans me répondre, elle s'est mise à rassembler dans un sac les quelques affaires que j'avais. Et puis, elle s'est plantée devant la porte en m'attendant. Moi, j'ai enfilé mes souliers, je l'ai prise par la main et nous sommes partis.

Comme nous n'avions pas de bête pour aller plus vite, nous avons couru en coupant par les vignes. Heureusement que je connaissais bien les lieux, parce que ta grand-mère, fille de riches comme elle était, n'y avait jamais mis les pieds...

A l'aube, nous nous sommes glissés dans une chapelle isolée, nous avons allumé des cierges et fait notre prière. Ensuite, j'ai dit à Sophia de s'étendre dans un coin pour se reposer, je l'ai couverte d'une vieille veste que je portais, et je suis allé faire le guet, car je me doutais bien qu'on nous donnerait la chasse. Pour ne pas m'endormir, j'ai pris un bidon dans les bras et je suis resté debout. Au moindre assoupissement, le bidon m'aurait réveillé en tombant.

On ne nous a pas poursuivis longtemps : le père de Sophia savait bien que s'il entrait dans mon village, il y aurait du grabuge. Chez nous, l'homme qui avait enlevé une femme, on le protégeait comme on protégeait celui qui avait volé du grain, si c'était pour le semer et pas pour l'entasser dans son grenier... »

Ils attendirent la nuit suivante. L'église où ils s'étaient réfugiés se trouvait près de la rivière. Vanguélis ne voulait pas la traverser de jour ; si on les surprenait alors qu'ils étaient encore dans l'eau, on les canarderait facilement, et de l'autre rive personne ne pourrait leur venir en aide.

Depuis leur départ, ils ne s'étaient rien confié, ils n'avaient pas envie de parler. Chaque fois que Sophia s'arrêtait pour reprendre haleine, ils levaient la tête et regardaient le ciel, comme s'ils voulaient implorer le soleil de se coucher en hâte. Vanguélis tirait de sa besace une gourde remplie d'eau et la tendait à sa compagne. Il savait que la jeune fille qu'il avait enlevée venait d'une famille aisée, il ressentait le besoin de dire une parole, de faire quelque chose, n'importe quoi, rien que pour lui montrer que désormais bien des choses pourraient changer, sauf une, une seule ; mais laquelle au juste ? Il préféra finalement déchirer un pan de son unique chemise et le lui donner en guise de mouchoir pour essuyer sa sueur.

A la tombée du jour, Vanguélis lui dit qu'il faudrait bientôt se remettre en route. Une fois la rivière franchie, ils seraient en sécurité sur le sol de son pays, leur angoisse prendrait fin. Alors, Sophia alla s'agenouiller dans un coin de l'église et se mit à murmurer quelque chose, mais Vanguélis ne pouvait entendre ce qu'elle disait. Ses tantes avaient l'habitude de marmonner un tas de prières ; celle-ci, pourtant, il l'imaginait différente, très différente de toutes les autres. Soudain, il lui sembla que la jeune fille murmurait : « Mon Dieu, je la traverse ou non, cette rivière ? » Avant de la franchir, les hommes du pays de Vanguélis se retournaient et regardaient une dernière fois la fortune qu'ils quittaient, la seule qui leur appartenait en ce monde : la pierraille du chemin bordé de ronces, creusé au long des siècles par les pas de ceux qui allaient travailler en face, dans les champs des grands propriétaires et des riches.

Pour la première fois, quelqu'un allait prendre le chemin en sens inverse... « Réfléchis bien, mon pauvre vieux, se dit Vanguélis, réfléchis bien où tu emmènes cette femme. Où est-ce que tu vas la faire dormir ? Qu'est-ce que tu vas lui donner à manger ? Tes tantes n'ont même pas une miette à se mettre sous la dent, et cette vie-là, Sophia ne sait pas ce que c'est, elle n'a jamais eu faim, elle. »

Sophia acheva sa mystérieuse prière et se releva. Vanguélis fit le signe de croix et se mit à préparer sa besace. « Dans quels champs iras-tu travailler maintenant ? songea-t-il. Tu as quitté ton village pour gagner un quignon de pain, et dès que tu l'as eu, au lieu de rester dans ton coin à le manger, de remercier l'homme qui te l'a donné, tu lui as pris sa fille et tu as filé... Réfléchis bien, les pauvres avec les pauvres, les riches avec les riches, voilà ce qu'on t'a appris, voilà ce qu'on lui a appris aussi à cette femme que tu trimbales avec toi... Mon pauvre vieux, est-ce que tu vas refaire le monde à toi tout seul ? »

Sophia était déjà sortie, elle attendait devant la chapelle. « Peut-être que c'est plus facile de le refaire à deux », murmura Vanguélis et il la rejoignit.

Le soleil s'était couché pour de bon, c'était une nuit sans lune. « C'est bien, allons-y, dit Vanguélis, la rivière n'est pas loin, une demi-heure de marche. » En chemin, il s'arrêta, assura la besace sur son épaule. « Alors, Sophia, c'est décidé ? » demanda-t-il. Elle tendit l'oreille pour écouter l'eau de la rivière qui clapotait sur les galets. « Comment est-ce qu'on va traverser ? répondit-elle, on va être trempés. »

« ... Je lui ai dit d'enlever ses chaussures, de les mettre dans la besace, et je l'ai soulevée dans mes bras. C'était la première fois que je la touchais, c'était bon de la sentir comme ça ; avec ce fardeau-là j'aurais pu aller jusqu'au bout du monde... Jamais je n'avais tenu un corps de femme pour savoir comment c'était fait, et tout en marchant dans l'eau, j'ai compris que c'était beau, très beau, et qu'à côté de ça le nôtre n'est que le braiment de l'âne comparé au chant du rossignol...

Je faisais mon possible pour la maintenir au-dessus de l'eau, pour ne pas mouiller sa jupe, et j'avançais... Arrivé en face, j'avais perdu un soulier... »

Lorsqu'elles le virent avec la femme dans les bras, elles s'empressèrent de le faire entrer et de verrouiller la porte. Elles emmenèrent Sophia dans leur chambre pour lui ôter ses vêtements tout trempés, et l'enveloppèrent dans une couverture. Puis elles firent chauffer un peu de vin qu'elles lui versèrent dans une coupe, et l'installèrent près de la cheminée. Elles avaient allumé du feu exprès pour elle.

Au début, personne ne soufflait mot. Les deux femmes regardaient Sophia, ses longs cheveux soignés, la blancheur de ses mains sans cals, sans cicatrices, sans éraflures. Soudain, elles se levèrent, ouvrirent leur coffre, en sortirent une chemise de nuit brodée, toute blanche, qui faisait partie de leur dot, et la lui donnèrent à porter. C'étaient de vieilles femmes à présent, elles ne s'étaient pas mariées, elles avaient dépensé leur vie au service des uns et des autres.

Cette nuit-là, les deux tantes de Vanguélis ne cessèrent d'ouvrir et de refermer le coffre, de retirer de la naphtaline le linge de leur trousseau, de l'étendre par terre pour choisir. Tout à coup, l'une d'elles se mit à pleurer. Elle avait cru entendre passer sur la route un cortège de noces, des violons et des clarinettes, des gens qui faisaient la fête. Ah, si elles avaient des sous, juste ce qu'il faudrait pour assurer le bonheur des gens dans ce monde... « Ne soyons pas ingrates, se consolèrent-elles, Dieu envoie ainsi les hommes sur terre, sans rien sur eux. C'est nous qui changeons tout, nous seuls, mais jamais pour bien longtemps : au bout du compte, chacun repart comme il est venu... »

Même si elles ne possédaient rien pour aider l'homme, ni champs, ni maisons, ni biens, elles feraient ce qu'elles pouvaient pour la femme, elles lui apprendraient un tas de bonnes choses utiles, lui raconteraient les histoires et les légendes qu'elles connaissaient de leur mère et de leur grand-mère. Combien de fois, à la veillée, ne s'étaient-elles pas répété ces mystérieux récits pour ne pas les oublier, pour les garder vivants... Combien de fois aussi n'avaient-elles pas cherché toutes deux, des heures entières, à reconstituer un événement lointain qui leur échappait, un mot qui avait échoué dans un coin obscur de leur mémoire... Si elles en repêchaient l'épave, elles s'acharnaient à lui redonner vie, mais souvent, très souvent, le sens d'une parole ou d'un son restait perdu pour toujours...

Les deux femmes ne fermèrent pas l'œil de la nuit. La crainte de voir surgir les hommes du seigneur Photinos les tenait en éveil. Elles avaient offert leur lit à la jeune fille et, enroulées dans une couverture, s'étaient lovées comme des chiens fidèles, sur une natte, devant la porte de la chambre.

« ... Le lendemain, mes tantes m'ont pris à part : “ Quand le vin est tiré, il faut le boire, elles m'ont dit, on va vous marier, vous aurez l'esprit tranquille et nous aussi. ”

Elles nous ont emmenés dans la maison du pope, parce qu'à l'église les hommes du seigneur Photinos risquaient de nous tomber dessus...

En chemin, je m'en souviens, je tenais ta grand-mère par la main, en lui faisant raser les murs : à la moindre alerte, elle pouvait facilement se glisser par une porte pour se mettre à l'abri. Deux cousins ouvraient la marche, le fusil prêt, et pour nous protéger le dos, on avait chargé un âne d'un amas de branchages qui nous camouflait...

Moi, je n'aurais pas imaginé tout ça, Sophia non plus. Mais les hommes plus âgés que moi et les femmes plus âgées qu'elle nous avaient dit que ça devait se passer comme ça.

Le pope avait sorti ses affaires dans la cour pour faire de la place aux gens. On nous a installés au milieu de la pièce, et tous les hommes se sont placés de mon côté, toutes les femmes du côté de Sophia. Ensuite, le pope a demandé si la fiancée avait mérite et qualité pour le mariage, et les femmes ont dit oui. Pour moi, il a demandé aux hommes, ils ont dit oui aussi. Alors, il nous a mariés.

Après, mes tantes ont étendu par terre une natte, et chaque paysan y déposait ce qu'il pouvait : l'un, un petit sac de blé, l'autre, une bouteille d'huile, de la farine et du sel, pour qu'on ait notre pain les premiers jours. Les femmes avaient apporté à Sophia quelques vêtements, une paire de draps et un petit tapis à franges.

Nous n'avons ni mangé ni bu : tout le monde était pauvre, et nous encore plus pauvres. Nous sommes rentrés à la maison et mes tantes nous ont dit : “ Nous, on va loger chez une voisine, Dieu vous garde. ” Devant la porte de la chambre elles nous ont laissé une cruche d'eau, une assiette de miel, et elles sont parties... »

Les deux femmes s'arrêtent un instant, se retournent, regardent la maison, pensives ; elles vont s'asseoir en face, sur une murette en ruine. La nuit est chaude et calme ; au lointain, la mer exhale une douce brise qui s'approche, s'infiltre à travers le feuillage des arbres.

— Ce rêve, tu te souviens ?

— Bien sûr... Il est revenu si souvent...

— Et puis, plus rien.

— Rien. C'était la volonté de Dieu.

— Oui, de Dieu...

Elles en avaient parlé tant et tant de fois dans leur jeunesse, pieds nus, en chemise de nuit, devant la fenêtre ouverte. Elles s'interrogeaient souvent, elles ne savaient pas, ne pouvaient pas s'imaginer, deviner. Elles s'attardaient là, silencieuses, puis se dépêchaient d'aller dormir dans l'espoir que la douce connaissance se répandrait dans leur sommeil, avec la fraîcheur de la nuit qui viendrait caresser leur peau. Mais le matin, le premier rayon de soleil qui pénétrait par la fenêtre les trouvait encore plus ignorantes.

— C'était notre destin.

— Nous ne sommes pas nées sous une bonne étoile, nous étions pauvres, qui aurait voulu de nous ? On ne voulait pas aller à la ville, comme tant d'autres filles, tu te souviens ?

— Je ne voulais pas devenir bonne chez les riches.

— Moi non plus.

Un soir, elles avaient bien failli se décider. Elles prendraient leur baluchon, de l'eau pour la route, elles descendraient à la ville faire le tour des maisons de riches ; elles iraient trouver leurs anciennes camarades du village, engagées depuis longtemps comme domestiques. Elles amasseraient un peu d'argent, s'achèteraient quelques vêtements, des draps, une nappe, deux ou trois casseroles. La famille se débrouillerait bien pour ajouter quelques bricoles. Leurs parents leur répétaient : « Restez seulement honnêtes, et Dieu vous aidera. » Aussi avaient-elles peur de descendre à la ville : là-bas, toutes les tentations du monde guettaient les gens, on leur avait raconté un tas d'histoires qui l'assuraient.

— Tu crois qu'on a bien fait ?

— A quoi bon y revenir, maintenant ?

— C'est que... maintenant, quand je vois Vanguélis et Sophia...

— Les temps changent…

— Oui, c'est vrai. Mais la pauvreté, c'est toujours la pauvreté.

— Ça, ça ne changera jamais.

— Dieu l'a voulu ainsi.

Ce soir-là, tandis qu'elles songeaient à partir, Dieu avait bien des fois changé de visage. Les deux jeunes filles avaient d'abord entendu le pas lourd d'un homme qui déambulait dans la maison, qui passait et repassait devant la porte de leur chambre. Puis, il leur sembla que les pas s'étaient faits plus légers, l'homme était sorti dans la cour, elles se précipitèrent à la fenêtre pour le voir : sous leurs yeux, à la clarté de la lune, il peignait ses cheveux noirs et ondulés. Elles reculèrent effrayées, n'osant plus regarder. Mais il faisait très chaud cette nuit-là, elles avaient besoin d'air et finirent par se rapprocher de la fenêtre. L'homme s'était dirigé vers le puits, avait tiré de l'eau et s'en aspergeait, tout nu. Les deux adolescentes se mordirent les lèvres, mais n'échangèrent pas un regard, pas un mot. Sur les épaules et le dos de l'homme, les gouttes d'eau scintillaient, glissaient le long de ses reins, tombaient tout autour de ses pieds, formant peu à peu une petite flaque qui brillait du même éclat que sa chair. Il puisa encore une fois pour se rafraîchir le ventre et le torse. A cet instant, Dieu était beau, très beau. Fascinées, le souffle coupé, les deux sœurs étaient prêtes à le suivre n'importe où, même au bout du monde.

— Vraiment, tu crois que des temps meilleurs viendront ?

— C'est déjà fait, regarde…

Dans leur première chambre, les jeunes mariés éteignent la veilleuse. Les deux femmes se lèvent en soupirant, jettent un dernier regard dans la cour, vers le puits :

— Dieu n'a pas vieilli, lui, dit l'une et ses yeux se voilent de larmes.

« … Quelques jours plus tard, la mère de Sophia a débarqué au village. Sophia l'a accueillie gentiment, l'a fait asseoir, lui a apporté un verre d'eau fraîche et une cuillerée de miel ; c'est tout ce que nous avions à lui offrir. Sa mère ne me regardait même pas, elle discutait seulement avec sa fille. Mais ça ne me gênait pas, — pourquoi m'en faire ? Nous n'habitions pas sur le pavé, nous avions un toit pour nous abriter, nous étions des seigneurs nous aussi… »

— Tu ne crains pas Dieu ? Tu ne crains pas ton père ?

— J'ai envoyé quelqu'un lui dire de me donner sa bénédiction. Je la voulais sa bénédiction, la tienne aussi, mère, mais vous ne me l'avez pas donnée.

— Tu abandonnes ton foyer, ton rang, les parents qui t'ont élevée, et par-dessus le marché tu veux qu'on te bénisse !

— C'est Dieu qui bénit, pas vous.

— Qui est-ce qui t'a appris ça ?

Sophia tendit le doigt vers le ciel :

— C'est Lui, mère, Il est venu me le souffler à l'oreille.

La femme du seigneur demeura un moment silencieuse, le temps de choisir en elle quelques mots qui pourraient blesser, blesser profondément, ces paroles que seule une mère a le don de décocher à sa fille pour lui empoisonner l'existence.

Restée debout, Sophia recula d'un pas pour s'adosser au mur :

— C'est Lui, et personne d'autre, ajouta-t-elle.

D'un geste de mépris, sa mère lui désigna Vanguélis accroupi devant la cheminée, s'évertuant à faire prendre une bûche :

— Pieds nus comme il est, ton Dieu ne va pas t'emmener bien loin, ma fille, lança-t-elle d'un air moqueur.

Cette fois, Sophia ne répondit pas. Elle se contenta de dévisager sa mère qui souriait amèrement :

— Quand je pense qu'il est venu nous supplier, se jeter à nos genoux pour qu'on le prenne à notre service... Et pour nous remercier, il nous vole notre fille et déguerpit... Mais toi tu es mon sang, pas lui, et si je suis venue ici aujourd'hui, c'est pour parler à mon sang...

Sophia baissa la tête :

— Moi aussi, mère, j'ai interrogé mon sang, murmura-t-elle, je l'ai interrogé, mais il m'a dit autre chose.

La femme du seigneur blêmit :

— Il t'a suffi de trois nuits avec un homme dans ton lit pour oublier ta famille, ironisa-t-elle. Mais sache-le, la vie compte plus de trois nuits, ma fille. Réfléchis bien avant de prendre une décision.

— Mère, nous nous sommes mariés.

— Ce genre de mariage, les poules, les ânes et les chiens le pratiquent tous les jours.

— Nous nous sommes mariés devant le pope.

— Ce n'est ni le lit, ni Dieu qui marient les gens, ma fille, mais les années qui passent.

Vanguélis se releva, fixa les deux femmes l'une après l'autre, puis sortit dans la cour et se dirigea vers le puits. La mère de Sophia en profita :

— Je sais pourquoi tu t'es laissée enlever, dit-elle. Tu avais tout, il ne te manquait plus qu'un homme. Tu as pris le premier va-nu-pieds qui t'a embobinée. Mais je te l'ai dit : la vie, ça tire en longueur...

Elle toucha le bas-ventre de Sophia :

— Lorsqu'il aura fini de crier celui-là, tu pourras alors écouter la voix de la raison.

Dans la cour, le treuil rouillé grinça. La mère de Sophia se tut, ses yeux s'étaient emplis de larmes, comme ceux de sa fille. Vanguélis arrosait les fleurs en sifflotant.

« … Aujourd'hui, mon garçon, des femmes de sa trempe, ça n'existe plus ; et même s'il y en avait, qu'est-ce qu'on en ferait, puisque les hommes qui leur conviendraient ont disparu eux aussi ?

Ce soir-là, ta grand-mère ne m'a pas laissé la toucher. Elle m'a tourné le dos toute la nuit ; elle avait pris son oreiller dans les bras, elle le serrait, le mordait, au lever du jour elle l'avait réduit en lambeaux. Moi, je ne disais rien, je ne bougeais pas. Seulement, le lendemain, je suis allé demander à mes tantes un nouvel oreiller ; le soir, je le lui ai mis dans les bras sans rien dire. Ça me faisait de la peine de la voir souffrir, mais je ne savais pas quoi faire, j'avais déjà peur d'elle… Je me disais : laisse-la tranquille, sa mère a dû lui dire quelque chose qui l'a bouleversée, ça va lui passer. Mais je n'ai jamais appris ce qu'elle lui avait dit, et ta grand-mère ne m'en a jamais parlé…

Or, quand j'ai vu qu'elle ne mangeait plus, j'ai eu peur qu'elle ne tombe malade, j'ai couru raconter tout ça à mes tantes, et je leur ai dit : Sophia couve quelque chose, il faut venir l'exorciser.

Elles ont fait leurs exorcismes, elles lui ont administré un tas de tisanes, mais sans résultat : elle allait de mal en pis. Désespérées, mes tantes sont allées chercher une vieille d'un village voisin, une centenaire qui avait guéri, paraît-il, une foule de gens. Elle est venue voir Sophia, elle lui a fait avaler une potion qu'elle avait préparée elle-même, elle m'en a donné à boire aussi, et elle nous a dit de nous mettre au lit tout nus comme des nouveau-nés.

Cette nuit-là, au lieu d'asticoter son oreiller, ta grand-mère a roulé sur moi, et c'est moi qu'elle a asticoté pour de bon. Voilà comment elle a guéri. En tout cas, de cette maladie-là, il nous est né notre premier enfant, Eurydice… »

II

« … Mes tantes nous ont accompagnés jusqu'à la grand-route. Nous avions devant nous deux jours et deux nuits de marche. Tout le monde pleurait. Il y avait quelques cousins à moi, ils pleuraient aussi, et comme eux nous avions le cœur gros. Vois-tu, nous laissions derrière nous de braves gens qui nous aimaient, qui nous avaient recueillis, qui s'étaient privés pour nous donner à manger…

Ta grand-mère avançait à califourchon sur l'âne, le bébé dans les bras. Moi, j'avais l'œil sur l'animal, je le tenais bien par la bride pour l'empêcher de se cabrer si on tombait sur un serpent…

L'âne portait aussi nos affaires, un petit chaudron pour la bouillie du bébé, une marmite en terre cuite pour la soupe, une natte où coucher, deux couvertures et notre fricot. Moi, j'avais mes outils sur l'épaule, une pioche, une bêche et une hache pour pouvoir couper du bois en chemin. Je ne suis pas sûr, mais je crois bien que c'était les premiers jours de novembre, parce que j'avais emporté une calebasse de vin nouveau. Alors qu'on longeait les dernières maisons du village, un vieillard a débouché d'une porte et m'a offert un fusil…

On nous avait indiqué un village où les bras assez solides pour creuser la terre trouvaient facilement du travail dans les vignes et les champs. On disait aussi qu'à cet endroit la terre n'était pas chère, et qu'au bout de cinq à dix ans de travail, nous réussirions à acheter un petit lopin pour y construire un gîte.

La nuit nous a surpris en route, mais le ciel était tout étoilé, ce qui nous permettait d'y voir un peu. Sophia s'est assise sur une pierre, au bord du chemin, pour allaiter le bébé. Nous, on gardait notre pitance pour le lendemain. Mais ta grand-mère m'a dit de manger pour ne pas tomber malade. Moi, je ne voulais pas entamer le repas tout seul, et finalement nous avons mangé ma part.

Comme il faisait froid cette nuit-là, nous avons eu peur pour le bébé et nous avons marché encore un bon bout de temps… »

Cette histoire était gravée dans leur mémoire et ils la décrivaient dans tous ses détails.

Ils racontaient qu'ils avaient passé le reste de la nuit dans une étable abandonnée. Le toit manquait et, avant de s'endormir, ils avaient essayé de compter les étoiles dans le ciel. Ils avaient installé le bébé dans la mangeoire : la paille lui tenait chaud et le protégeait. Dans son sommeil, Sophia avait fait un rêve. Un grand jeune homme blond, disait-elle, beau comme un ange, était apparu devant la mangeoire et contemplait l'enfant. Sophia voulut parler, lui demander qui il était, ce qu'il cherchait, mais sa langue ne se déliait pas, les paroles s'étaient bloquées dans sa gorge. Alors l'inconnu étendit la main en murmurant quelque chose, mais Sophia n'entendit pas et elle se réveilla.

Au point du jour, ils trouvèrent devant la mangeoire une pièce d'argent. « Un dieu était passé la nuit et l'avait laissée pour l'enfant », disait Vanguélis.

« … Dans le village où nous allions, j'avais une parente éloignée. Il était minuit passé quand nous avons frappé à sa porte ; nous avons étendu notre natte dans un coin de sa chambre et nous nous sommes couchés. C'était une brave femme, elle a pris soin de nous ; elle aimait beaucoup Sophia, parce qu'elle ressemblait à l'une de ses filles qui était morte. Elle nous a dit que dans le voisinage il y avait une veuve qui ne trouvait personne pour lui labourer sa vigne, et qu'elle avait une chambre vide où l'on pourrait loger. Le lendemain matin, je suis allé la trouver, elle a bien voulu de nous.

Elle était très gentille, elle nous a donné deux assiettes et deux verres, une icône et une lampe à huile. On nous a aussi donné deux tréteaux et une vieille porte pour en faire un lit... »

Il la serrait dans ses bras, il ne voulait pas dormir. En se tournant dans son sommeil, Sophia risquait de tomber de la porte et de se faire mal. Il sentait sur sa poitrine le souffle de la femme, ses mains qui lui palpaient le corps, qui cherchaient le meilleur endroit pour s'y accrocher et ne plus bouger. Cette nuit-là, le sommeil de Vanguélis fut parsemé de rêves. Tantôt étranges, incohérents, confus, où les morts se mêlaient aux vivants, les jours aux nuits, le réel à l'irréel ; tantôt clairs, distincts, où tout prenait la place qu'il fallait, comme le linge propre et bien repassé dans l'armoire d'une femme d'intérieur.

Au petit matin, la porte où ils étaient étendus s'ébranla sur les tréteaux. A moitié endormi, Vanguélis pensa que Sophia changeait de côté, et il la saisit dans ses bras pour l'empêcher de rouler au bord de la planche. Il sentit alors sa peau nue, la chaleur de son corps abandonné à la fois au sommeil et à l'homme, et là, sur l'étroite surface de bois, il eut envie d'elle. Tandis que leurs chairs s'entrelaçaient, la porte trembla plus fort ; dans son demi-sommeil, Sophia gémit, tout son corps se mit à remuer, à mesure que grandissait son plaisir. Soudain, Vanguélis réalisa que ce n'étaient pas les secousses du lit, mais de la terre toute entière. Il n'eut pas le temps d'avoir peur, la femme s'agrippait à lui, ne voulait pas le lâcher, ses entrailles s'étaient déchaînées comme celles de la terre.

Dehors, retentissaient des pas précipités, des cris : « La terre tremble ! La terre tremble ! » Cependant, sur leur planche, l'homme et la femme continuaient à remuer, redoublant de frénésie, comme s'ils étaient pressés de reconstruire le monde qui s'écroulait autour d'eux.

« … Je me souviens qu'une nuit, dans notre nouveau village, il y a eu un tremblement de terre ; pas mal de maisons se sont effondrées, mais celle où nous habitions est restée intacte, parce qu'elle était toute en pisé. Quand j'ai compris ce qui se passait, j'ai pris ta grand-mère dans mes bras et je me suis couché sur elle ; comme ça, si une poutre avait dégringolé du plafond, c'est moi qui l'aurais reçue, et pas elle… »

Dans sa vieillesse, quand il évoquait cette époque, Vanguélis disait : « On se serrait la ceinture pour pouvoir acheter un bout de terre… On faisait cuire une poignée de haricots, on buvait le bouillon à midi et on gardait les haricots pour le soir. On avait faim, mais on ne se l'avouait pas, de peur de sentir davantage la faim. »

Et Sophia ajoutait : « Sans rien lui dire, j'allais faire des lessives chez les gens. Le soir venu, il me disait : “ Pourquoi as-tu les mains rouges ? ” Je lui répondais : “ C'est parce que j'ai pétri de la pâte… ” Je ne voulais pas qu'il sache, il aurait eu honte. »

Pourtant, sans être au courant, Vanguélis avait honte. Cela lui arrivait souvent le soir, lorsqu'il voyait sa femme à genoux, courbée devant la cheminée, en train de remuer la marmite ou d'attiser le feu ; la fumée lui piquait les yeux, les étincelles fusaient sur ses cheveux. Parfois, une rafale de vent refoulait la fumée, la pièce empestait, et à travers les flammes enragées qui ondoyaient comme des serpents blessés, Vanguélis discernait le visage de la mère de Sophia, il entendait sa voix siffler comme la sève du bois qui flambait : « Regarde ton va-nu-pieds... Tu as choisi le plus miséreux des miséreux... » Vanguélis avait beau se boucher les oreilles, cette voix qui jaillissait des flammes lui parvenait toujours : « Plutôt un estropié qu'un pauvre... » Ainsi, au fil des jours, il finit par croire que la pauvreté était une maladie terrible, inguérissable. Bien souvent, se retournant pour ne pas être vu de Sophia, il tendait les mains, les observait des deux côtés : rien que des callosités, rien que des écorchures laissées par les ronces et les broussailles.

Un soir, Sophia le surprit ainsi, les yeux rivés sur ses mains tendues. « Qu'est-ce que tu as à regarder tes mains ? » lui demanda-t-elle. « Rien, répondit Vanguélis, je compte mes doigts, mais ça fait toujours dix. »

Ils n'augmentèrent jamais. Vanguélis en prit son parti : au lieu d'attendre qu'ils se multiplient, il décida de leur apprendre à travailler aussi la nuit. Le soir, en rentrant du labour, il dînait, puis remplissait quatre grandes cruches d'eau de source, les mettait dans des couffins garnis de paille pour qu'elles ne se cassent pas, en chargeait son âne et allait les vendre dans la capitale. Il atteignait la ville au milieu de la nuit, vendait les cruches d'eau chez les riches et ne rebroussait chemin qu'au lever du soleil.

Un jour, bien des mois plus tard, alors qu'il s'apprêtait à partir, il dit à Sophia qu'il tarderait sans doute, car il avait des courses à faire. Il revint tard dans la nuit, et son âne se traînait de fatigue : son maître l'avait chargé d'un grand lit à deux places, avec un châssis en fer et de belles sculptures de bronze à la tête et au pied. Sophia lui donna un coup de main pour l'installer au fond de la pièce, loin de la fumée de l'âtre qui noircirait les draps. Puis elle fit le lit, arrangea tout avec soin, mais elle demeurait silencieuse, l'air soucieux :

— Qu'est-ce que tu as, il ne te plaît pas ? demanda Vanguélis.

— Si, bien sûr qu'il me plaît, mais je me dis que… Il valait mieux peut-être garder cet argent pour acheter un bout de terre…

Vanguélis sourit, caressa les longs cheveux de la femme et lui montra le lit qu'elle venait de préparer :

— Ça aussi, Sophia, c'est de la terre, répondit-il, et même meilleure que l'autre, parce que nous allons la creuser tous les deux ensemble.

« … Tiens, voilà la porte dont je te parlais. Quand nous avons eu un lit, je ne l'ai pas jetée, je l'ai casée dans un coin, et plus tard, quand nous avons bâti ces deux chambres, j'en ai fait une porte pour la plus grande ; j'ai aussi planté devant le seuil le citronnier que tu vois, pour lui faire de l'ombre l'été et nous tenir frais…

Aujourd'hui encore, après tant d'années, chaque fois que j'ouvre cette porte, je pense au corps de ta grand-mère. C'était pareil : quand je croyais qu'il était fermé, que j'étais tranquille, il s'ouvrait tout d'un coup et le diable m'emportait. Ou bien, j'oubliais ma main dans l'entrebâillement, un coup de vent, et je me coinçais les doigts. Tu es un homme à présent, tu comprends ce que je veux dire… »

L'hiver 1884 fut l'un des plus terribles qui aient jamais sévi dans la contrée. Les loups et les ours descendaient des montagnes et décimaient les basses-cours, étranglaient les chiens, se jetaient même sur les gens qui s'aventuraient seuls au dehors. Les chutes de neige ne firent qu'aggraver la situation. La nuit, les bêtes sauvages sillonnaient les routes en hurlant, venaient s'entre-dévorer dans les cours et les jardins, les ours arrivaient jusqu'au seuil des maisons, collaient leur museau sur la porte et reniflaient.

Au comble de leurs malheurs, les hommes se réunirent : il fallait agir, et il n'y avait pas d'autre solution que la guerre. Puisque les bêtes sauvages se rassemblaient la nuit, c'était la nuit qu'ils devaient se rassembler aussi pour se mesurer avec elles. Les fusils n'abondaient pas dans la région, les hommes n'étaient ni guerriers ni chasseurs. Mais il y avait des couteaux, des haches, des scies, des fourches à fumier. Et la bataille décisive s'engagea en plein cœur d'une nuit glaciale.

Ils avaient choisi un endroit découvert, une terre en friche, avaient égorgé quelques poules et aspergé de leur sang la neige gelée, éparpillant partout les plumes pour accroître l'odeur, et ils attendaient. Pour éviter de s'entre-tuer, ils avaient dit aux femmes de se tenir prêtes à allumer des torches sitôt les bêtes attroupées.

La horde affamée ne tarda pas à se montrer, elle se rua sur le sang avec furie, burinant la neige, léchant la terre, grondant, avançant vers les hommes à l'affût sur une même ligne. Soudain, les femmes allumèrent les torches. Dans la nuit la neige se colora de jaune. Un homme hurla plus fort que les bêtes, l'assaut fut donné. Haches, couteaux, fourches, hommes et fauves se confondirent, le sang fumait sur la terre gelée, tandis que les femmes élevaient leurs torches pour voir si c'était le sang des leurs ou celui de l'ennemi. Mais elles ne distinguaient rien, elles se contentaient d'éclairer, hurlant de temps à autre toutes ensemble, pour effrayer les fauves et soutenir le courage des combattants.

La bataille se poursuivit jusqu'au matin. Les bêtes reculaient, mais pour attaquer à nouveau, plus nombreuses, les hommes commençaient à fléchir. Alors, comme les premières lueurs de l'aube apparaissaient derrière les montagnes, les femmes abandonnèrent leurs torches et s'élancèrent à leur tour dans la guerre, qui redoubla de sauvagerie. Armée d'une scie, Sophia parvint, au milieu du carnage, à discerner Vanguélis qui avait mis un ours à terre et s'efforçait de lui renverser la tête pour lui briser la nuque ; elle fondit sur l'animal et de toutes ses forces lui enfonça la scie dans le ventre.

Avec les femmes, la bataille bascula ; pris de panique, les loups, puis les ours commencèrent à battre en retraite, laissant derrière eux plus de cent compagnons morts et bon nombre de blessés qui se traînaient sur la neige ensanglantée, en gémissant. Le camp des hommes avait perdu deux combattants qui gisaient sur la neige, la chair déchiquetée.

Lorsque Vanguélis et Sophia se retrouvèrent chez eux, ils étaient éclaboussés de sang. Ils firent bouillir de l'eau, nettoyèrent leurs blessures, frottèrent leur peau avec du pain moisi pour éviter l'infection. Puis ils allumèrent du feu et restèrent l'un contre l'autre. Ce soir-là, pour la première fois, Vanguélis n'entendit pas la voix de la femme du seigneur sortir d'entre les flammes.

« ... Nous avons écorché les bêtes pour prendre leur peau. Moi, j'ai écorché un ours énorme, c'était ta grand-mère qui l'avait tué ; sa peau a servi de lit aux enfants quand ils étaient bébés. Dimitri a couché là-dessus le premier, ensuite Maria, Georges, et puis ta mère, Angélique...

Cette histoire m'a donné l'idée de chasser. Le dimanche, à l'aube, je prenais mon fusil et je partais. Souvent, je rapportais des lièvres, des perdrix, des becfigues. Mais ce n'était pas seulement pour ça : la solitude, la tranquillité me plaisaient beaucoup, je passais la journée à regarder le monde que Dieu a fabriqué, et je ne m'en lassais jamais...

Elles étaient belles les montagnes à cette époque. Il n'y avait pas de routes, pas de voitures, tu marchais sur la terre et tu entendais ton pas, tu chantais et tu entendais ta chanson, tu t'asseyais sur une pierre pour grignoter un bout de pain et les belettes venaient te regarder.

Un jour, j'étais là à me reposer, quand il m'a semblé entendre des pas précipités qui provenaient du bois, puis une petite voix fluette, tremblante, comme une voix de femme. Je me suis levé pour aller voir, le fusil prêt, le doigt sur la détente, car l'endroit était très sauvage et les vieux du village assuraient qu'il était peuplé de démons.

En approchant d'une clairière, qu'est-ce que je vois : une jeune fille toute nue, toute blonde, belle comme l'eau fraîche, qui essayait de grimper sur un pin. Et un peu plus loin, un homme haletant, nu lui aussi, mais affreux, avec du poil plein le corps comme un bouc, la barbe en broussaille et les cheveux hirsutes.

Il tenait par les oreilles un lièvre vivant et le montrait à la jeune fille en l'invitant à venir près de lui. Mais elle était épouvantée, la pauvrette — comment ne pas avoir peur en face d'un tel monstre ? Et chaque fois qu'elle essayait de grimper sur l'arbre, ses jolies jambes glissaient et se blessaient.

Je ne savais pas quoi faire, je ne voulais pas me créer des ennuis avec les démons. J'ai fait mon signe de croix, mais ça n'a servi à rien. En voyant que la femme refusait son cadeau, l'homme poilu s'est mis en colère, il a balancé le lièvre et s'est approché en grognant. La fille s'est débattue, elle a cherché à lui échapper, mais en vain : l'homme la serrait avec ses grosses pattes velues, il l'a flanquée par terre et lui a empoigné les seins. Alors, j'ai braqué mon fusil sur lui, mais la peur me tenaillait et j'ai préféré me planquer derrière un rocher pour attendre... La femme, je m'en souviens bien, s'est arrêtée de crier, et lui, au lieu de se coucher sur elle comme nous faisons nous les humains, il l'a fait mettre à quatre pattes et s'est incliné sur son dos, comme fait le bouc avec la chèvre...

Elles étaient belles les montagnes à cette époque, tu sais... Il n'y avait pas de routes, pas de voitures, tu marchais sur la terre et tu entendais ton pas, tu t'asseyais sur une pierre pour te reposer et les bêtes sauvages venaient te regarder... »

Histoire d'une ourse,
telle que la racontait Sophia
lorsqu'elle était grand-mère

« Il était une fois, dans la montagne, des bêtes sauvages qui ne trouvaient rien à manger à cause de la neige et des grands froids. Elles avaient très faim, et elles ont commencé à descendre jusqu'à notre village.

Elles se sont mises à égorger nos chiens, puis elles sont entrées dans les cours, les étables, les écuries, pour dévorer les poules et les lapins, les chèvres et les moutons, tous les animaux que nous avions.

Alors, comme Dieu n'écoutait pas nos prières et qu'il n'améliorait pas son temps, nous nous sommes rassemblés dans un champ pour guetter les bêtes ; nous en avons tué pas mal, et les autres ont eu tellement peur qu'elles ne sont plus revenues au village.

Un soir, j'étais sortie ramasser du bois pour la cheminée, lorsque j'aperçois dans un coin du champ un ours immense, une femelle, qui creusait la terre avec ses griffes et ses dents, qui creusait en pleurant. Ça m'a fait de la peine de la voir pleurer comme ça ; je m'approche et je lui dis : “ Qu'est-ce que tu as, mon ourse, à pleurer ? ” Et sans s'arrêter de creuser, elle me répond : “ C'est toi qui le demandes, toi qui as tué mon compagnon ? ”

Je l'ai laissée creuser et je suis retournée à la maison en courant. Je n'ai pas fermé l'œil de la nuit, mais je n'ai rien dit à ton grand-père, il ne m'aurait pas crue.

Le lendemain soir, je suis allée ramasser du bois, et l'ourse était encore là, elle creusait et pleurait toujours. “ Mon ourse, je lui dis, tu creuses pour rien, ce n'est pas là que ton compagnon est enterré. " Alors l'ourse me regarde et me dit : " Je ne creuse pas pour lui, je creuse pour moi. "

Je l'ai laissée creuser et je suis repartie en courant ; mais encore une fois, je n'ai rien dit à ton grand-père.

Le troisième soir, l'ourse avait fini de creuser, elle m'attendait au bord de la fosse. " Moi, me dit-elle, j'ai achevé mon travail ; maintenant, c'est à toi d'achever le tien. "

Alors, j'ai eu peur, je ne pouvais pas. " Attends, mon ourse, que je lui fais, attends, je vais revenir. " Je suis rentrée, je n'ai encore rien dit à ton grand-père, j'ai attendu qu'il se mette au lit, puis je me suis levée, j'ai pris son fusil et je suis sortie dans la nuit glaciale.

J'ai épaulé le fusil, j'ai visé, mais en voyant l'ourse qui attendait sans bouger, le cœur m'a manqué. A ce moment-là, ton grand-père s'est réveillé, et comme il ne m'a pas trouvée à côté de lui, il s'est affolé et s'est mis à ma recherche en m'appelant dans la nuit.

Quand j'ai entendu sa voix, je me suis enfin décidée à tuer l'ourse. »

III

« … Cette année-là, on a tiré le diable par la queue. A force de gels et de déluges, les récoltes étaient foutues, et les pauvres se sont retrouvés encore plus pauvres. Nous avions déjà quatre enfants ta grand-mère et moi, il fallait s'en sortir, et on travaillait jour et nuit comme des chiens.

C'est à cette époque-là que les riches de la capitale ont commencé à débarquer. Ils repéraient les terres de ceux qui s'étaient endettés jusqu'au cou, les achetaient pour une bouchée de pain, construisaient de grandes maisons avec des jardins immenses, des arbres et des fleurs. La plupart d'entre eux étaient tubards, ils venaient dans notre village pour guérir ; seulement, ils guérissaient pendant quelques années et après ils mouraient…

Il y avait parmi eux une grande actrice qui habitait une villa de deux étages avec un tas de pièces. Tous les soirs c'était plein de gens chez elle, ils venaient d'Athènes en fiacre et dansaient toute la nuit. Au petit matin, quand on se levait pour aller au champ, eux ils allaient se coucher.

Cette actrice toussait toute la journée, c'était une très belle femme. Elle m'a engagé comme jardinier. Elle m'avait aperçu un jour que je passais sur la route, mes outils sur l'épaule, elle était à son balcon, elle m'a vu et m'a appelé… »

Trois témoignages sur l'aventure de Vanguélis

Le témoignage de sa deuxième fille, Maria.

« Je me souviens bien de cette actrice. Dieu lui pardonne, elle était ce qu'elle était, mais sa beauté, c'était quelque chose...

Elle était malade, elle avait la tuberculose, et cette maladie, paraît-il, pousse les femmes à courir après les hommes plus que d'ordinaire. Enfin, c'est ce qu'on dit. En tout cas, les hommes n'arrêtaient pas de défiler chez elle, et aucun n'était laissé pour compte. Quant à ton grand-père, comment te dire, discuter de ces choses-là après tant d'années... Il était jardinier chez elle, et ton grand-père était bel homme, tu sais.

Malgré tout, ce n'est pas vrai qu'il soit parti de chez nous. Il n'est jamais parti, mon père. Si on l'a prétendu, c'est que l'actrice l'avait logé pour un temps dans une petite dépendance, parce que nous habitions à l'autre bout du village et que ce n'était pas commode pour ton grand-père d'aller la nuit arroser le jardin. »

Le témoignage de son fils aîné, Dimitri.

« Elle était plus âgée que ton grand-père, elle devait avoir une dizaine d'années de plus. Je m'en souviens bien, parce que, un peu avant sa mort, elle avait demandé qu'on la promène en calèche, et un dimanche soir elle a traversé la place du village. Tout le monde était là, car c'était un jour de fête. La maladie l'avait minée, mais elle était toujours belle et elle lorgnait les hommes avec des yeux voraces. A la voir comme ça, on se disait que ce corps-là ne se décomposerait jamais, et que même dans la tombe il chercherait un homme.

Lorsque son fiacre est passé devant nous, ta grand-mère l'a d'abord dévisagée, puis elle s'est tournée vers ton grand-père en disant : “ Tant d'hommes pour lui arroser ses fleurs, c'était bien peine perdue, elles ne vont pas tarder à se faner. ” Est-ce qu'elle a dit ça exprès parce qu'elle savait, ou bien parce qu'elle était jalouse de l'actrice, va chercher. »

Le témoignage du vieux Kosmas, ancien tavernier.

Kosmas naquit en 1898. Vanguélis fréquentait sa taverne, où il buvait le coup en compagnie d'autres villageois. La taverne n'existe plus. A sa place, il y a aujourd'hui un poste à essence.

« J'ai ouvert la première taverne du village, les hommes y venaient le soir, après le boulot, et ça buvait sec. Ils se racontaient un tas d'histoires, et quand le vin leur montait à la tête, ils se disaient même des secrets d'alcôve...

C'est comme ça que j'ai entendu ton grand-père parler d'une actrice qu'il avait connue quand il était jeune. Il disait qu'elle était tuberculeuse, qu'elle était venue au village pour guérir et qu'elle était très belle. Il avait travaillé chez elle comme jardinier. Tout de suite, elle s'était mise à le reluquer, et il était tombé entre ses griffes. Mais les choses se sont corsées quand la bonne femme l'a logé dans sa propriété, pour lui éviter pendant toute la période des grands arrosages d'avoir à courir d'un bout à l'autre du village.

Comme ça, chaque nuit, Vanguélis commençait par s'occuper du jardin, puis il allait s'occuper dans le lit de l'actrice. Il rentrait au petit matin, en se traînant sur les genoux.

La situation s'est aggravée quand ta grand-mère a compris ce qui se passait. Et ta grand-mère Sophia, mon petit gars, n'était pas de ces femmes qui laissent leur mari arroser le jardin des

autres, alors que l'herbe se dessèche sur le pas de leur porte...
Eh bien, que faisait ta grand-mère ? Elle allait trouver Vanguélis le soir, dans sa nouvelle chambre, elle le flanquait au lit, et quand elle partait, elle le laissait aussi vidé qu'un citron pressé. Comment Vanguélis supportait ça ? “ J'ai failli crever, Kosmas, me disait-il, et le pire de tout c'est que Sophia faisait semblant de ne rien savoir, et l'actrice pareil. A elles deux, elles me mettaient à plat, elles me tordaient comme un linge mouillé, j'avais les jambes et les reins en compote, je ne savais pas quoi faire... J'ai mis du temps avant de comprendre que les deux femmes ne luttaient pas avec moi, mais entre elles ; moi, j'étais comme une balle qu'elles se renvoyaient. ” »

Le premier soir où Vanguélis revint dormir chez lui, il trouva Sophia occupée à faire chauffer de l'eau dans un grand chaudron. Il la suivit des yeux : sans rien dire, elle donna à manger aux enfants, puis les coucha dans la pièce voisine. Vanguélis tenta plusieurs fois d'engager la conversation, mais la femme ne répondait pas, elle s'affairait, ouvrait et fermait le coffre où elle rangeait le linge propre, préparait serviettes et savon. Enfin, elle attisa le feu de la cheminée et désigna à l'homme l'eau bouillante qui fumait :

— C'est prêt, dit-elle, tu peux te laver.

— Pourquoi me laver ? Je n'étais pas au champ aujourd'hui.

— La terre que tu as creusée tous ces jours-ci est la plus sale de toutes.

— Sale ? Et pourquoi ? protesta Vanguélis.

— Parce qu'un tas d'hommes vont la creuser, chacun à sa façon. C'est pour ça qu'elle n'a jamais rien produit, répliqua Sophia qui s'assit dans un coin et attendit.

Vanguélis hésitait, l'air embarrassé ; il ne s'était jamais déshabillé ainsi, de but en blanc, devant une femme, en plein milieu d'une pièce. Avant même d'enlever le premier vêtement, il imagina déjà son corps tout nu, sans défense, sous le regard inquisiteur de Sophia scrutant chaque parcelle de sa peau, à la recherche des traces qu'avaient laissées les lèvres, les dents, les ongles de l'autre.

Muette comme une carpe, Sophia attendait. Vanguélis comprit qu'il ne pouvait se dérober, qu'il fallait obéir.

L'idée lui vint de se mettre en colère pour de bon, de faire quelque chose, de crier, de saisir la cuvette d'eau pour la fracasser contre le mur ou la jeter par la fenêtre. Mais il avait déjà enlevé ses vêtements, il était nu, et le moindre geste lui semblait non seulement inutile, mais dangereux. Il sentait derrière lui la femme le surveiller, guetter l'instant propice, prête à bondir sur lui, à le mettre en pièces. S'il pouvait, il se rapetisserait, resterait immobile, se coucherait à terre, ferait le mort, comme l'homme désarmé devant un fauve.

Il se lava en vitesse pour en finir au plus vite. Quand il se mit à s'asperger d'eau pour se rincer, il se souvint que c'était ainsi que Sophia l'avait vu pour la première fois, alors qu'il sortait de la rivière, la peau luisante comme une feuille printanière au soleil.

Il acheva de se rincer et lui demanda de lui lancer une serviette. Mais, au lieu de la lancer, Sophia s'approcha et la lui appliqua sur les épaules. Vanguélis sentit les doigts de la femme s'enfoncer dans sa chair, il eut un mouvement de recul, mais c'était trop tard : déjà, sur son corps dénudé, les doigts de Sophia s'étaient mis à rechercher les marques de l'autre, de l'étrangère, à les rechercher et à les effacer l'une après l'autre.

« ... C'est à peine si je me souviens vaguement de quelques femmes. Comment t'expliquer, comme on se souvient de n'importe qui. Tout le reste s'en va, s'efface. Mais tout ce que j'ai fait avec ta grand-mère, je m'en souviens bien, comme si c'était hier...

Tu verras toi aussi quand tu vieilliras. Tu passeras tout au crible dans ta tête, même les femmes, et dans le crible il n'en restera qu'une, la seule dont tu te souviendras...

Parfois, lorsque j'étais fatigué de creuser, je m'étendais à l'ombre, je m'endormais et je rêvais de ta grand-mère. Alors, comment veux-tu que je me souvienne des autres femmes, puisque je n'ai jamais rêvé d'elles ?... »

Ils commencèrent à affluer, toujours plus nombreux. Les premiers temps, on les parquait dans des baraques, puis dans des maisons en bois et des bicoques en pisé, construites à la va-vite. Un incendie réduisit tout en cendres. On fut alors obligé de leur construire un grand bâtiment à quelques kilomètres du village, à la limite des vignes et des potagers. D'un côté se dressaient le flanc de la montagne et la forêt, protégée par le lit profond et abrupt d'un torrent. Pas de chemin. De l'autre, on avait élevé une barrière de barbelés et une muraille à la crête hérissée de tessons de bouteille.

La première année, ils essayèrent de s'évader en franchissant les barbelés et la muraille. Certains y réussirent, mais ils n'allèrent pas bien loin ; la chair ensanglantée, les vêtements en lambeaux, ils s'effondraient au bout de quelques pas, vomissaient du sang et mouraient.

Au début de l'année suivante, ils tentèrent de passer par la forêt, mais aucun n'en sortit vivant. On raconta d'abord que l'endroit grouillait de serpents venimeux. Or, on apprit par la suite que les villageois envoyaient la nuit des hommes en patrouille, et que de véritables batailles s'étaient livrées dans la forêt. Il ne restait plus que le versant de la montagne, mais là, on n'avait pas besoin de monter la garde, la raideur de la pente suffisait. Tous ceux qui avaient voulu l'escalader avaient dû très vite renoncer ; avec leurs poumons pourris, ils ne tenaient pas le coup, et cette année-là on en ramassa bon nombre qui gisaient à terre, alors que le sang qui avait dégouliné de leur bouche n'avait pas eu le temps de cailler.

Un dimanche matin, l'un d'eux réussit à atteindre les premières maisons du village ; il s'écroula, mais en entendant la cloche de l'église, il se releva, reprit courage et se traîna jusqu'à l'entrée de la chapelle. C'était la fin de la messe. Le premier fidèle qui l'aperçut s'écria : « Ils arrivent ! » Ce fut la panique, les gens s'imaginèrent que d'autres allaient bientôt surgir en masse, ils s'emparèrent de tout ce qu'ils trouvèrent devant eux, chaises, bâtons, candélabres, prêts à se défendre. Mais ils n'eurent pas le temps de frapper l'homme étendu sur le seuil de l'église : il était déjà mort. Quand ils remarquèrent le filet de sang qui glissait entre ses lèvres, ils comprirent : la terrible maladie avait pénétré dans le village.

Ils jetèrent le cadavre dans une fosse pleine de chaux. Le lendemain, à l'arrivée des infirmiers et des gendarmes, personne n'avait rien vu ni rien entendu. Les gendarmes insistèrent, essayèrent de faire bavarder les gosses, mais ils restaient aussi muets que les adultes. Quelques semaines plus tard, une jeune femme en habits de deuil arriva au village. Elle allait de maison en maison, demandait à son tour des renseignements sur le mort qui était son mari, mais personne n'avait pitié d'elle. Au fil des jours, le cœur des gens s'était endurci ; l'une engendrant l'autre, les craintes se multipliaient, les langues se liaient, chacun soupçonnait son voisin, le silence régnait.

Un soir, l'étrangère frappa à la porte de Vanguélis. Sophia, qui lui ouvrit, cria aux enfants de s'enfermer dans la pièce voisine, puis dit à la femme d'entrer. Elle paraissait avoir son âge, elle était belle, très belle. Lorsqu'elle releva le fichu de soie noire qu'elle portait, Sophia la regarda à la dérobée, puis se pencha sur le plat de lentilles qu'elle triait, sans dire un mot. L'étrangère put alors observer Vanguélis qui raccommodait un harnais. Ses mains travaillaient sans relâche, ciraient la ficelle, enfonçaient l'alêne dans le cuir épais, perçaient des trous, puis saisissaient le carrelet et cousaient. Soudain, il se leva pour aller chercher des ciseaux, et jeta pour la première fois un coup d'œil furtif sur la femme.

— Tu as un bon mari, c'est une chance, dit la veuve.

Sophia resta penchée sur son plat.

— Ta maison n'est pas vide, que Dieu la garde, poursuivit l'autre.

— Dieu, comme tu dis...

— La mienne est fermée pour toujours.

Sophia se mordit les lèvres :

— Il ne faut pas parler comme ça, répondit-elle. Si Dieu l'a fermée, il peut aussi la rouvrir.

Vanguélis se leva de nouveau pour aller à l'écurie essayer sur sa bête le harnais qu'il rafistolait. La veuve observa la taille de l'homme qui arrivait presque à hauteur de la porte :

— Il y a des choses que l'on perd une fois pour toutes, sans espoir de retour, soupira la femme lorsque Vanguélis fut sorti.

Sophia toucha du bois et se signa :

— C'est cette damnée maladie qui te l'a fauché ? demanda-t-elle sans quitter des yeux ses lentilles.

— C'est elle, qu'elle soit maudite...

— Et maintenant, comment fais-tu pour vivre ?

— La nuit, je m'en prends à l'oreiller et je le mords, répondit la veuve et elle fondit en larmes.

— Il n'y a pas que le corps qui compte ici-bas, remarqua Sophia comme si elle se parlait à elle-même. Tu n'as pas d'enfants ?

— Si, mais chaque fois que je les vois, que je les touche, j'ai toujours la même chose en tête. Et toi ? Tu penses à quoi quand tu regardes tes enfants ?

Sophia jeta un coup d'œil dans la cour pour voir si Vanguélis revenait :

— Où est-ce que tu vas loger ce soir ? demanda-t-elle.

— N'importe où, ça m'est égal.

Lorsque Vanguélis rentra dans la pièce, il trouva les deux femmes en train de préparer le dîner et de mettre la table.

« ... A cette époque, beaucoup de gens mouraient de cette maladie. Des orphelins venaient souvent mendier au village pour pouvoir retourner chez eux, les femmes allaient faire les bonnes à la capitale pour nourrir leur famille.

Il en est même arrivé une chez nous, on l'a gardée pas mal de temps, car elle ne savait pas où aller. Elle avait l'âge de ta grand-mère, elle s'occupait avec elle de la maison, et elle allait dans les champs se faire embaucher à la journée. Elle avait laissé ses enfants chez une de ses sœurs, elle leur envoyait ce qu'elle gagnait pour qu'ils aient de quoi vivre.

C'était une belle femme, ce qui n'a pas tardé à faire jaser au village. On racontait que j'avais transformé ma maison en harem et qu'il s'en passait des vertes et des pas mûres. Un jour, le pope est venu me dire que le péché était entré dans mon foyer avec cette femme et que ça finirait mal. Mais moi, ça ne me dérangeait pas, puisque c'était Sophia qui l'avait décidé et qu'elle ne disait rien... »

Chaque jour, à l'aube, la veuve se levait la première, faisait le lit qu'on lui avait dressé dans la cuisine, près de la cheminée, préparait l'infusion de sauge que Vanguélis et Sophia buvaient à leur réveil, et partait à la besogne. La plupart du temps ils ne la voyaient pas de la journée, elle allait travailler dans des champs lointains, là où personne ne la connaissait, où elle n'avait pas à subir les ragots des mauvaises langues. A la maison, les deux femmes se partageaient les travaux, donnaient à manger aux enfants, les lavaient, les couchaient, puis s'installaient au coin du feu et se mettaient à repriser ou à tricoter tout en bavardant.

Vanguélis les voyait, les entendait, il était content ; le hasard avait bien fait les choses, sa femme avait de la compagnie, et lui pouvait de temps en temps aller boire un coup à la taverne du village. Mais bien souvent le vin qu'il avalait lui restait en travers du gosier, car il se trouvait toujours quelqu'un pour lui lancer une pique à propos de la veuve, sous prétexte de lui demander de ses nouvelles. Pour éviter la dispute, Vanguélis laissait son vin dans le verre et s'en allait.

Un soir, les buveurs se remirent à le tarabuster, mais Vanguélis ne se défila pas ; il vida son verre, en but un autre et en redemanda. L'alcool avait commencé à lui monter à la tête, la plaisanterie tourna vite à la bagarre, les hommes en vinrent aux mains, le sang coula. Vanguélis rentra chez lui le flanc tailladé de coups de couteaux. Il était tard, Sophia s'était couchée depuis longtemps, mais la veuve veillait près de la cheminée, elle attendait son retour. Dès qu'elle le vit dans cet état, elle fit bouillir de l'eau, lui ôta sa chemise tachée de sang, lava sa blessure pour éviter l'infection. Puis elle s'assit à ses côtés un bon moment et se mit à pleurer en silence. Lorsqu'elle le vit se lever, entrer dans la chambre où dormait Sophia, et pour la première fois fermer la porte derrière lui, elle comprit.

Au matin, la femme n'était plus là, ses vêtements, ses pauvres petites affaires avaient disparu. Mais dans la théière la sauge était prête, et la veuve avait laissé sur la table, entre les deux tasses du couple, son alliance.

IV

La nuit du 31 décembre 1900, au milieu d'une effroyable tempête de neige, un grand oiseau blanc tomba dans la cour de Vanguélis qui était en train de verrouiller la porte de l'étable. Dans sa chute, l'oiseau frappa l'homme à l'épaule, puis s'abattit à ses pieds en poussant des cris sauvages. Vanguélis sursauta, mais lorsqu'il approcha sa lanterne pour mieux voir, il se rendit compte que l'oiseau était blessé. Il se pencha, le prit doucement dans ses bras et courut vers la maison.

Sophia, les enfants et des voisins venus fêter avec eux le jour de l'an se pressèrent autour de la table encore vide où Vanguélis avait déposé l'oiseau. Personne n'en avait jamais vu d'aussi beau, d'aussi blanc, d'aussi étrange. Lorsque Vanguélis se mit à l'examiner de près, l'oiseau laissa échapper un cri rauque : sous l'aile droite, les doigts de l'homme avaient touché une profonde blessure qui saignait.

Personne ne connaissait cette espèce d'oiseau. Il ressemblait à un grand, à un immense pigeon ; déployées, ses ailes puissantes atteignaient les deux extrémités de la table. Ses longues pattes jaunes avaient laissé leurs empreintes sur le duvet du ventre ; Dieu sait combien de jours et de nuits il les avait tenues plaquées contre son corps, combien de temps il avait voyagé avant d'échouer dans la cour de Vanguélis !...

Ils discutaient, ils essayaient de comprendre, mais l'heure passait, une nouvelle année, un nouveau siècle arrivaient, et le sang de l'oiseau blessé coulait toujours. Sophia fit bouillir de l'eau, et comme elle avait la main plus délicate que Vanguélis, elle se proposa pour nettoyer la plaie. Soudain, elle distingua, logés dans la chair ensanglantée de l'animal, deux gros plombs noirs.

— Ils l'ont eu, le malheureux, gémit-elle.

Vanguélis s'efforça de maintenir l'oiseau sur le dos :

— Ah, si je connaissais l'ordure qui lui a tiré dessus, dit-il, je le tuerais de mes propres mains.

— Tiens-le bien, répondit Sophia. Je vais essayer de lui enlever les plombs, ensuite on lui mettra du tabac et de la cendre pour arrêter le sang.

La première année du siècle allait naître, il ne restait que quelques minutes. On déboucha une calebasse de vin, on remplit les verres, on trinqua, mais en présence de l'oiseau blessé le cœur n'y était plus. Personne ne l'avouait, mais tout le monde le devinait : c'était sans aucun doute un signe de Dieu qu'ils avaient reçu. Mais qui pouvait bien savoir pourquoi ? Leur expérience, leurs souvenirs ne suffisaient pas, les temps avaient commencé à changer, des gens nouveaux arrivaient au village, les anciens se dispersaient, disparaissaient, emportant dans la tombe les secrets séculaires de la divination.

Ils songèrent alors à appeler Loukas, un vénérable vieillard aveugle qui vivait en ermite au fin fond du village, dans une cabane isolée. On disait qu'il venait d'une grande et riche famille. Il l'avait quittée quand il était jeune, quand il s'était mis à interpréter les rêves, à parler aux morts, à entendre la voix de Dieu la nuit, parfois même en plein jour, au beau milieu de la route. Ses parents l'avaient alors déshérité, et Loukas était resté seul, sur le pavé, dépenaillé, mendiant, un baluchon sur l'épaule. Il allait de village en village, de région en région, on le laissait passer la nuit dans les églises, on s'occupait de lui et on le respectait, car jamais il ne s'était trompé dans ce qu'il avait prédit.

Ils envoyèrent deux enfants le chercher, pour le conduire jusqu'à la maison de Vanguélis.

Lorsque le pas traînant du vieillard aveugle résonna dans la cour, Sophia avait réussi à extraire les plombs de la blessure et le sang avait cessé de couler. On était entré dans la nouvelle année. L'oiseau blanc se remettait peu à peu, il ne se débattait plus, il n'avait plus peur. Tout juste s'agita-t-il lorsque la porte s'ouvrit et que le vieux Loukas apparut, les mains appuyées sur les épaules des enfants, avec sa longue barbe blanche et ses cheveux ébouriffés par le vent ; l'animal tendit le cou, ses yeux tout ronds brillaient.

Ils n'eurent pas le temps de lui expliquer ce qui s'était passé : Loukas avait déjà posé les mains sur l'oiseau que Vanguélis tenait dans ses bras. Tout le monde se taisait, on n'entendait que le mugissement du vent déchaîné, les branches des arbres qui craquaient, se brisaient, tombaient par terre dans un fracas terrible.

— Ce sang-là nous portera malheur, dit le vieillard en sentant sous ses doigts le duvet ensanglanté de l'oiseau. Dieu nous punira, car cet animal est venu de loin, de très loin, et c'est nous qui l'avons blessé.

— Non, ce n'est pas nous, père Loukas, rétorqua un paysan. Il faisait nuit quand il est tombé. On a dû lui tirer dessus quelque part loin d'ici.

— Le mal que l'on fait ailleurs arrive un jour chez nous, répondit le vieillard. Pardonnez-moi, je n'ai pas de bonnes nouvelles à vous annoncer… Dieu seul peut me démentir.

Silencieux, chacun fuyant le regard de l'autre, ils s'installèrent près du foyer et se mirent à boire et à manger, le cœur lourd. Le regard éteint du vieillard semblait suivre les langues de feu qui jaillissaient impétueuses dans la cheminée, mais reculaient au contact du vent qui s'y engouffrait, pour décharger leur colère sur les bûches qui n'avaient pas encore pris feu, les embraser, les dévorer en quelques secondes.

« … La veille du jour de l'an, peu après la naissance de notre sixième enfant, un oiseau est tombé dans la cour. Il faisait un temps de chien, un vrai déluge de neige, l'animal était blessé et il ne voyait pas où il allait. Il devait venir de très loin, parce qu'on n'en avait jamais vu de pareil. Il était blanc, très blanc, et quand je l'ai soulevé pour l'emmener à la maison, je me souviens qu'il a ouvert les ailes et qu'elles étaient plus longues que mes bras…

Ta grand-mère et moi, nous avons décidé de le soigner, mais les gens du village n'ont pas vu ça d'un bon œil : l'oiseau était tombé dans notre cour juste avant la nouvelle année, et pour eux c'était mauvais signe. Mais quand on a demandé l'avis d'un vieux qui s'y connaissait, il nous a dit que le mauvais signe n'était pas l'oiseau mais la blessure faite par des mains d'homme.

Voilà ce qu'il a dit ; certains l'ont cru, d'autres pas.

Aujourd'hui, vous les jeunes, tout ça vous fait rire. Ce n'est pas votre faute, vous ne pouvez pas comprendre. Ce genre d'oiseau n'existe plus, sauf dans les livres et au cinéma. Et même s'il en existait, les maisons des gens n'ont plus de cour et les oiseaux blessés n'ont plus où aller s'échouer… »

Cette première nuit de l'année 1901, devant l'âtre qui flambait, tout le monde chez Vanguélis discuta jusqu'au petit matin, évoquant un tas de vieilles histoires, d'événements, de prodiges du temps passé. Ils se rappelèrent d'abord l'histoire de cette villageoise enceinte qui n'arrivait pas à accoucher ; depuis onze mois qu'il était dans le ventre de sa mère, l'enfant ne voulait pas sortir, voir le monde. Il finit par naître, mais il était aveugle, ce qui fut considéré comme un mauvais présage. Et en effet, le bébé avait à peine atteint sa première année qu'un terrible fléau, le typhus, déferla sur le pays et faucha des milliers de personnes.

Un voisin raconta que son père lui avait parlé d'un faucon qui était apparu un jour sur la place du village. Au lieu de pousser des cris de faucon, le rapace s'était mis à glousser comme une poule, à picorer les miettes de pain, les grains qu'on lui jetait, et à la tombée de la nuit il était allé nicher dans un poulailler avec les volailles. Et voilà qu'un an plus tard une guerre éclata, massacra une foule de gens, força d'autres à s'expatrier ou à prendre la montagne pour ne plus jamais reparaître.

Cette fois, Dieu leur avait envoyé un nouveau signe. Quel fléau présageait-il ? Quelle calamité ? La maladie qui avait foulé le sol de leur pays allait-elle à présent pénétrer dans leurs maisons ? Était-ce l'annonce de temps difficiles, de catastrophes et de malheurs ? Ils harcelèrent de questions le vieil aveugle, immobile et silencieux devant la cheminée, ses yeux éteints fixés sur l'oiseau blessé qu'ils avaient gardé près d'eux pour lui tenir chaud. Mais le vieillard se taisait obstinément, il buvait le vin qu'on lui versait et étendait ses mains pour les réchauffer près des flammes.

Peu avant le lever du soleil il leur dit qu'il voulait s'en aller, et il demanda à Vanguélis de le conduire jusqu'à sa cabane.

« … Le vieux était aveugle, c'est pourquoi cette nuit-là je l'ai accompagné jusqu'à sa cabane. En chemin, j'ai essayé de lui tirer les vers du nez, car nous n'avions pas compris grand-chose du peu qu'il nous avait dit. Peine perdue ; tout ce qu'il m'a sorti, c'était que mes yeux avaient beaucoup à voir. Et quand je lui ai dit que c'était le cas pour tous les hommes de mon âge, il m'a répondu que moi, j'en verrais bien davantage…

En tout cas, l'oiseau est resté pas mal de temps chez nous et il a guéri. Alors, il s'est mis à se balader dans la maison en attendant le printemps pour s'en aller.

Un jour, quand nous avons compris que le moment était venu, nous lui avons donné à manger et à boire, car il avait un long voyage à faire. Ta grand-mère pleurait, moi aussi je pleurais, nous lui avons dit adieu et nous avons fait notre signe de croix. Quand il s'est envolé, nous sommes restés là un bon bout de temps à regarder le ciel... »

L'histoire du bel oiseau blanc, telle que plus tard Sophia la racontait à son petit-fils

« Il était une fois un hiver très rude, le vent soufflait et la neige tombait dru. Un grand oiseau tout blanc voyageait haut, très haut dans le ciel. Et comme il y avait de gros nuages, il ne pouvait pas voir la terre et il avait perdu son chemin.

Quand il a commencé à être fatigué, il a piqué du nez et traversé les nuages et la tempête. Il a vu qu'en bas c'était la mer, alors il est remonté et il a continué.

Plus loin, encore plus fatigué, il a de nouveau essayé et il a vu qu'il était au-dessus d'une jungle pleine de bêtes féroces qui allaient le dévorer. L'oiseau est remonté très haut et il a continué à voler.

Mais bien vite, la fatigue s'est mise à l'affaiblir pour de bon, et alors la pauvre bête a encore essayé de se poser. Et voilà que cette fois-ci la terre lui a paru belle et hospitalière. Il a vu des maisons, de la fumée qui s'échappait des cheminées, il a vu des hommes qui revenaient des champs, les outils sur l'épaule, il a vu des femmes et des enfants qui les aidaient à se décharger, qui frottaient les chevaux en nage avec de la paille pour qu'ils ne prennent pas froid.

En voyant tout ça, l'oiseau s'est dit : " C'est là que je vais me poser. " Et il est descendu. Mais voilà que quelqu'un l'a vu descendre, il lui a tiré un coup de fusil et l'a blessé sous l'aile.

Alors, malgré sa douleur, l'oiseau est remonté vite dans le ciel, et là-haut il a supplié Dieu de lui donner encore un peu de force.

Et Dieu l'a entendu, il lui a donné la force de voler et d'aller encore plus loin. Mais le sang de l'oiseau tombait goutte à goutte sur la neige blanche, et les gens qui voyaient les taches rouges avaient peur, ils ne savaient pas d'où elles tombaient, car l'oiseau blessé volait au-dessus des nuages et ils ne pouvaient pas l'apercevoir.

Pourtant, mon petit, le sang c'est toujours du sang, et il coule toujours d'une blessure, même si on ne la voit pas. »

La même année, Vanguélis fut gravement blessé. N'importe qui d'autre en serait mort, et plutôt deux fois qu'une. Mais lui en réchappa, et l'on conclut à un véritable miracle. Aujourd'hui encore, quand on leur pose la question, les vieux du village l'affirment : c'est l'intervention d'un saint, ou du Christ lui-même, qui sauva Vanguélis. En ce temps-là, cela se produisait encore.

Il s'était mis en route pour la montagne de très bonne heure, bien avant l'aube. Il avait neigé toute la nuit sans arrêt, mais bientôt les nuages avaient commencé à se retirer et Vanguélis s'était dit que le ciel devait en avoir assez et qu'il n'allait plus rien déverser. Sophia lui conseilla d'emmener leur chien, comme d'habitude lorsqu'il allait à la chasse, mais il eut peur pour sa bête : la couche de neige atteignait plus d'un mètre, elle était molle comme du coton, l'animal s'y enfoncerait jusqu'au cou et ne pourrait plus avancer. Il partit donc seul. En le voyant s'éloigner, le chien se mit à pleurer, à se débattre, il avait mal pris que son maître ne lui ait pas fait confiance un jour pareil.

Vanguélis fit bonne chasse toute la journée. Vers la fin de l'après-midi, deux gros lièvres encore chauds dans sa gibecière, il prit le chemin du retour. Il préféra passer par la forêt plutôt que d'emprunter le sentier qu'il connaissait et qui l'obligerait à traverser des vallons où la neige devait sûrement arriver à hauteur d'homme.

Or, la forêt ne lui était pas aussi familière que le sentier et, soudain, il buta contre une pierre cachée sous la neige, s'affala de tout son long sur le fusil et le coup partit. Lorsque Vanguélis se releva, il serra les dents pour supporter la douleur qui le tenaillait : sous l'aisselle droite saignait une large blessure. Il accéléra le pas autant qu'il put pour tenter de sortir de la forêt avant la tombée de la nuit, avant de perdre trop de sang. Mais il en avait déjà perdu beaucoup, et quand il leva la tête pour s'orienter d'après les étoiles, il les vit par milliers tourbillonner, clignoter, lancer des étincelles. Il comprit qu'il allait s'évanouir, s'écrouler, que sa bouche, ses yeux, ses oreilles seraient envahis par la neige, que pour lui le monde cesserait d'exister... Il se traîna jusqu'au pied d'un arbre, enlaça le tronc pour que sa tête ne soit pas engloutie, qu'il puisse crier, voir et entendre jusqu'à l'ultime instant de sa vie.

Lorsque Sophia s'aperçut du retard de Vanguélis, elle courut détacher le chien et lui donna à flairer un vêtement de son mari. L'animal comprit, sortit de la maison et s'élança vers la montagne. Pataugeant dans le bourbier glacé, s'écorchant les pattes aux broussailles et aux pierres enfouies sous la neige, il traversa un torrent, puis un autre, pénétra dans la forêt, mais là il s'arrêta : la neige était infranchissable. Le chien s'acharna, se traîna, s'enfonça, creusa le sol avec ses griffes et ses crocs, son sang se mit à couler comme celui de son maître. Il abandonna. Mais, sentant que Vanguélis n'était pas très loin, il se mit à aboyer pour lui donner du courage.

Quelques heures plus tard, les paysans que Sophia avait alertés étaient bloqués au même endroit. Ils essayèrent à leur tour, s'enfonçant dans la neige jusqu'au torse, rampant, creusant, ouvrant des tranchées à la pelle et à la pioche ; silencieuse, glacée, immobile, la neige demeurait invincible. Alors, pour encourager les autres, quelqu'un s'écria : « Il a de la famille, Vanguélis, et des gosses, c'est un crime d'en faire des orphelins ! » Et ils creusèrent encore un peu pour la famille, encore un peu pour les enfants, mais la neige et la nuit noire se fichaient bien des enfants et des familles, elles ne voulaient pas céder. Désespérés, les hommes finirent par renoncer. En chemin, ils se disaient pour se consoler que Vanguélis avait dû chercher refuge dans une grotte, et qu'au matin, avec la lumière du jour, il retrouverait sûrement le sentier.

Seuls sur la montagne, immobiles, muets, Sophia et le chien distinguèrent le crissement de la neige sous les pas des hommes qui s'éloignaient, puis l'écho de leurs voix, alors qu'ils appelaient leurs compagnons de recherche dispersés dans la forêt.

Les voix s'éteignirent à leur tour, bientôt remplacées par les hurlements lointains des loups qui tentaient eux aussi de communiquer de grotte en grotte, de repaire en repaire. Sophia donna une petite tape à l'animal : « Tu y vas ou j'y vais ? » murmura-t-elle.

La queue basse, le chien se mit à gémir. Sophia comprit. Elle s'attacha autour du cou la gourde d'eau-de-vie qu'elle avait emportée avec elle, saisit une pioche et continua seule à creuser le passage que les hommes avaient commencé à ouvrir. Plus loin la neige était peut-être moins épaisse ; les arbres se multipliaient, ils l'aideraient, elle ramperait de tronc en tronc en s'agrippant à leurs racines.

Soudain, elle entendit le chien qui la suivait en reniflant. Elle se retourna et cracha sur lui.

Le sentier qu'elle se frayait la mena dans une petite clairière truffée de jeunes sapins. Grâce aux branches qui rasaient le sol, Sophia avançait plus facilement, sans risquer d'être ensevelie par la neige. Elle finit par atteindre le sommet d'une colline. L'autre versant dévalait en pente raide jusqu'aux premiers arbres de la forêt où Vanguélis avait l'habitude de chasser. Sophia coupa une branche pour mesurer la profondeur de la neige qui s'étalait devant elle, puis s'allongea par terre et se laissa rouler.

« ... Au village, tout le monde a crié au miracle. Tu parles ! Le miracle c'est ta grand-mère et personne d'autre qui l'a fait. Même les loups n'osaient pas s'aventurer dans les endroits perdus qu'elle a traversés pour me trouver.... Moi, je m'étais écroulé au pied d'un pin. Je me suis d'abord évanoui, mais j'ai vite repris mes esprits, car il faisait tellement froid que le sang de la blessure a gelé et s'est arrêté de couler...

Je me disais : pourvu qu'il ne se remette pas à neiger, sinon je me retrouverai enseveli et les loups viendront me déterrer pour casser la croûte. Et puis, j'ai pensé au chien, ça m'a rendu espoir, je savais qu'il m'aimait et qu'il m'était fidèle ; ta grand-mère finirait bien par lui ouvrir la porte et il viendrait à mon secours...

Mon chien n'est pas venu, les hommes non plus... Mais comment t'expliquer... Ta grand-mère, c'était autre chose, un peu comme l'ombre : tantôt elle te précède, tantôt elle te suit, tu la vois, tu es rassuré, tu sais que tant qu'elle existe, tu existes toi aussi... »

Après cet accident, le chien de Vanguélis déserta plusieurs jours la maison. Lorsqu'il réapparut, il n'avait plus que la peau sur les os. Vanguélis et Sophia étaient en train de dîner près du feu. Tête basse, l'animal se traîna vers eux, les regarda d'un air suppliant, puis s'approcha de Sophia et se mit à lui lécher les pieds. D'habitude, c'était elle qui lui donnait à manger, qui le soignait, le protégeait des colères de Vanguélis. Mais cette fois, la femme ne lui accorda pas même un seul regard. Et lorsque, humilié, affamé, à bout de forces, il voulut appuyer sa tête sur les genoux de Sophia, elle le repoussa violemment avec mépris.

Gémissant, la queue entre les pattes, il alla supplier Vanguélis qui avait suivi toute la scène sans un mot, le nez sur son assiette. Dès l'instant où le chien était entré dans la maison pour se traîner à leurs pieds, l'homme avait voulu tendre la main, lui caresser la tête, lui donner quelque chose à manger ; mais en remarquant le regard sombre, implacable de Sophia, il comprit que sa femme avait des comptes à régler avec l'animal et qu'il n'avait pas à s'en mêler.

Mais quand il vit son compagnon de chasse se tapir dans un coin, misérable, le ventre vide, il interrogea sa femme :

— Pourquoi ? Qu'est-ce qu'il a fait ?

— Il a trahi, répondit sèchement Sophia.

— C'est un animal…

La femme se leva et se mit à examiner les bandages qui entouraient le torse de Vanguélis :

— Animal ou pas, trahir c'est trahir, murmura-t-elle.

Le repas terminé, les enfants couchés, ils s'assirent au coin du feu pour passer le temps. Évitant de se pencher, Vanguélis laissait Sophia mettre les bûches, remuer la braise, ranimer les flammes chaque fois qu'elles vacillaient et risquaient de s'éteindre. Et tandis qu'il observait le feu, il se souvint du premier jour, du premier soir dans leur chambre, chez ses tantes. Ces premières flammes qui débordaient de l'âtre, tout près de leurs pieds, qui léchaient la pierre avec frénésie, l'embrasaient, prêtes à déferler sur toute la pièce pour la conquérir, étaient alors si différentes de celles d'aujourd'hui… Peut-être parce qu'ils n'étaient pas assis l'un à côté de l'autre comme à présent, pour les diriger, les surveiller, peut-être parce que ses tantes avaient mis exprès beaucoup de bois bien sec… Ils avaient, alors, du temps devant eux, ils avaient des années pour se fabriquer leur propre cheminée, leur propre feu, comme ils le voulaient, un feu dont ils n'auraient pas peur et qui n'aurait pas peur d'eux non plus.

Pour la première fois, ce soir-là, Vanguélis sentit que le feu qui flambait à présent dans la maison était à eux, bien à eux.

— Dis-moi, Sophia, dit-il tout à coup, si c'était toi qui avais trahi, tu voudrais que je te fasse pareil ?

La femme le regarda dans les yeux :

— Non, répondit-elle. Tu devrais me tuer.

« ... Moi, j'ai pardonné au chien, mais pas ta grand-mère. Elle ne lui a pas donné à manger, elle ne l'a même pas laissé coucher à la maison. Je me levais la nuit en cachette et je sortais lui donner quelque chose. Il m'avait accompagné tant de fois à la chasse... Ça me faisait mal au cœur de le voir malheureux, affamé, la peau collée aux os.

Pour une fois, une seule fois qu'il m'avait trahi, j'étais prêt à fermer les yeux, mais je ne pouvais pas oublier ta grand-mère qui avait bravé le froid, la nuit, la neige, et qui s'était trouvée là où il fallait, au moment où il le fallait... »

V

Un jour, en creusant, Vanguélis heurta de sa pioche quelque chose qui rendit un étrange bruit sourd. « Sans doute une tortue qui s'est enterrée là pour hiberner », se dit-il, et il se mit à déblayer la terre tout doucement avec les mains. Ce n'était pas une tortue, mais une grande jarre recouverte d'une dalle de marbre. « Voilà qui serait bien pour mettre notre huile », songea encore Vanguélis, et il creusa tout autour pour la déterrer. A peine avait-il commencé, qu'entre les mottes de terre se détacha la pâleur crayeuse d'un squelette humain. Vanguélis s'agenouilla, se signa, mais lorsqu'il tendit la main pour toucher un os, il le vit se réduire en poussière et s'éparpiller au vent.

Quand il souleva la dalle de marbre, il découvrit à l'intérieur de la jarre un tas de poteries décorées de peintures, des coupes, des assiettes, des lampes à huile noircies par le temps et l'usage, et une statuette en marbre. Elle attira Vanguélis qui la souleva avec précaution, s'assit sur la terre humide qu'il venait de retourner, et la contempla un long moment.

Elle représentait une belle femme nue qui d'une main s'arrangeait les cheveux, et de l'autre prenait appui sur sa hanche. Bouche bée, le souffle presque coupé, Vanguélis se mit à admirer les superbes jambes de la femme, la courbe harmonieuse de ses épaules, ses petits seins ronds, légers, tels deux gouttelettes de rosée qui tremblotent sur une feuille printanière. Un étrange sourire naissait sur les lèvres entrouvertes, s'épanouissait délicatement en effleurant le velouté des joues, avant de se faufiler entre les mèches de cheveux qui ondoyaient sur les tempes, et d'inonder de douceur un regard langoureux et humide.

Vanguélis enleva sa chemise, l'étala sur un coin d'ombre, y coucha tout doucement la femme nue et se mit à l'observer pendant des heures. Le jour passait, le soleil déclinait, on entendait au loin les terrassiers qui rentraient des champs, mais Vanguélis ne voulait pas bouger. S'il ne craignait pas qu'on vînt le chercher, il resterait là pour passer la nuit, le lendemain, le surlendemain, les jours suivants. Cependant, il avait besoin de réfléchir, loin de ce corps qui l'avait troublé, loin de ce regard, de réfléchir à ce qu'il ferait. S'il était certain qu'un miracle avait eu lieu, s'il soupçonnait qu'il avait rêvé ou que ses yeux l'avaient trompé, ça lui serait bien égal, il ne s'inquiéterait pas ; tant de choses étranges, inexplicables, arrivent à l'homme pour embellir, pour agiter de temps à autre sa vie aussi bien rangée qu'une armoire de vieille fille. Mais ce n'était pas un rêve, ce n'était pas un miracle ; devant ses yeux la Beauté avait surgi des profondeurs de la terre, Beauté de jadis et de toujours, à la fois rêve et réalité. Qui avait osé, qui avait bien pu la métamorphoser en marbre ?

Les mains tremblantes, Vanguélis enveloppa la statuette dans sa chemise, mais il n'avait pas le cœur de l'enterrer à nouveau. Il regarda autour de lui pour repérer une cachette sûre, il explora un tas de recoins, sillonnant la campagne, cherchant de buisson en buisson, d'arbre en arbre, avec la femme nue dans les bras. Soudain, il se rappela qu'un peu plus loin, près d'un puits abandonné, se trouvait une chapelle isolée. On y disait la messe une fois par an, le jour de la Présentation de la Vierge, et comme l'endroit était sauvage, broussailleux, plein de serpents et de mille-pattes, les vieilles dévotes osaient rarement se rendre jusque-là pour allumer la mèche des veilleuses.

Vanguélis se dirigea vers la petite église, se signa et cacha la femme derrière le sanctuaire, au pied de la croix.

Le lendemain matin, il se mit en route plus tôt qu'à l'ordinaire. En chemin, il s'arrêta plusieurs fois pour regarder, songeur mais souriant, l'eau pure et fraîche qui courait dans le ruisseau — chose qu'il n'avait jamais faite de sa vie. Un peu plus loin, il s'attarda à observer les traces que laissaient sur la poussière les sabots de son âne, puis un beau lézard vert étendu sur une pierre, qui attendait que le soleil vienne lui chauffer le sang. Tout à coup, au moment de prendre le sentier qui menait au champ où il devait travailler, il se ravisa et bifurqua en direction de la chapelle. Un peu avant d'arriver, alors qu'il franchissait un cours d'eau, il sauta de son âne, coupa une brassée de myrtes frais, bien verts, attacha la bête à un olivier et continua seul.

Derrière l'autel, bien enroulée dans la chemise, la femme attendait. Vanguélis l'admira d'abord de loin, puis s'agenouilla et déposa à ses pieds le bouquet de myrtes et de fleurs sauvages qu'il avait cueilli.

Sous les premiers rayons de soleil qui se glissaient par la lucarne du sanctuaire, le corps de marbre prenait lentement les couleurs du jour. Et comme l'ombre du Crucifié se projetait sur les cheveux et les épaules nues de la femme, Vanguélis la déplaça un peu, l'enveloppa de la chemise propre qu'il portait et reprit l'autre. Il ne voulait pas laisser plus longtemps sur ce beau corps un vêtement trempé de sa sueur, souillé par la poussière et la terre qu'il avait creusée.

Dans la pénombre du sanctuaire, il s'assit un instant et se mit à réfléchir. Qui pouvait bien être cette femme ? Il avait beau la regarder, tenter de se souvenir s'il avait déjà vu quelque part ce visage, cette poitrine, ce corps ou un autre tant soit peu ressemblant, son esprit restait embrouillé. Soudain, la lumière éclatante d'un jour d'été lointain inonda sa mémoire. C'étaient les vendanges, le vent du sud attisait une chaleur déjà accablante, les vendangeurs faisaient des pauses fréquentes et couraient se réfugier à l'ombre. Vers midi, les jeunes filles s'étaient précipitées à la rivière pour se rafraîchir. Caché derrière les roseaux avec les autres garçons du village, Vanguélis les avait épiées. Aucune ne pouvait rivaliser de beauté avec la femme en marbre, même si leur chair était vivante, bien vivante, même si leurs épaules, leurs seins, leurs hanches frétillaient sous la lumière du soleil… Cette sublime beauté qu'il venait d'arracher aux ténèbres ne semblait pas touchée, altérée par le temps. Il la contemplait et il avait l'impression d'embrasser du regard une terre en fleurs, la sensation qu'il plongeait la main dans un ruisseau et que l'eau lui glissait doucement entre les doigts.

Tout à coup, pris de remords, il se signa : il avait oublié qu'il était dans une église, à l'intérieur du sanctuaire ; il venait de commettre un grave péché. Au-dessus de sa tête, sur le mur de la vieille chapelle, un saint à la longue barbe, aux yeux creusés par le jeûne, le fixait de son regard jaunâtre. Vanguélis saisit la femme dans ses bras et lui cacha le visage contre sa poitrine. Il jeta un coup d'œil autour de l'église pour s'assurer qu'il n'y avait personne et se mit à courir à travers champs, sans savoir où il allait.

« … Aujourd'hui encore on continue à me dire : si tu avais eu un peu de jugeote, Vanguélis, tu serais riche maintenant. Même mes enfants me disent parfois, quand on en parle, que j'ai craché sur ma chance, que je n'ai pas pensé à ma famille qui vivait dans la pauvreté. Ils en parlent à leur aise, qu'est-ce que tu veux… Je ne leur ai pas tout dit, tu sais, ils m'auraient traité de fou.

Et passe encore pour le fou, s'il est riche : on le respecte et on le craint. Mais s'il est pauvre, on se moque de lui…

A toi, je te dis tout, pour que tu saches, pour que tu le racontes un jour aux autres. Peut-être qu'on te croira, toi qui as de l'instruction. Et même si on te traite de fou, ça ne fait rien, tu seras un fou instruit et on n'osera pas te passer la camisole de force.

A toi de juger ce que tu leur diras et ce que tu ne leur diras pas.

Et si un jour tu juges qu'il vaut mieux tenir ta langue, comme j'ai tenu la mienne, ça n'a pas d'importance, trouve quelqu'un d'autre à qui tu pourras te confier, quelqu'un qui soit encore plus fou que toi. Ces choses-là, c'est comme de l'or : si tu en donnes aux veaux, ils ne savent pas quoi faire avec, ils veulent de la paille... »

Il ne parvint pas à trouver de meilleur endroit que cette chapelle. Il eut beau battre la campagne, le désert qu'il recherchait n'existait nulle part. Intrigués de le voir courir en serrant quelque chose dans ses bras, les paysans l'appelaient, l'interrogeaient de loin. Vanguélis leur répondait pour ne pas éveiller de soupçons, il leur criait qu'il avait attrapé un lapin de garenne, qu'il allait le mettre avec ses autres lapins pour améliorer la race.

A bout de souffle, brisé de fatigue, il revint à toutes jambes jusqu'à la chapelle pour y cacher soigneusement la femme nue. Puis il prit une touffe de thym, alla chercher de l'eau à la source, balaya, nettoya bien, coupa des myrtes frais et les répandit par terre ; l'église embaumait. Il eut envie d'agiter l'encensoir, mais il se retint de peur de commettre un nouveau péché. A genoux devant la statue, il lui sembla que sur l'icône d'en face la Vierge observait la femme nue d'un regard serein et complaisant. Il avait entendu dire que les dieux d'autrefois erraient sur d'âpres montagnes, en des lieux écartés, sur des rivages déserts et qu'ils apparaissaient souvent aux humbles bergers, aux paysans solitaires. Certains mendiaient, d'autres étaient cousus d'or et distribuaient leurs richesses aux pauvres gens. Quand ils n'avaient rien à laisser à ceux qui les secouraient et leur offraient l'hospitalité, ils se changeaient en statue pour leur faire don d'eux-mêmes.

Vanguélis se souvint alors qu'il avait trouvé la femme dans un tombeau. Il pourrait faire fortune, comme tant d'autres. Il n'avait qu'à mettre la statuette dans un sac ou la dissimuler dans une charrette de foin et descendre à la ville. Là-bas, il irait trouver un de ces étrangers à la barbe blonde qui se baladaient une carte à la main et des livres sous le bras. Ils passaient leur temps à ramasser ou déterrer des cailloux, puis ils les examinaient des heures entières à la loupe, les triaient comme des amandes ou des noix et les glissaient dans leur poche ou leur valise. Pour emporter avec eux la belle femme nue, ils donneraient sûrement beaucoup d'argent, toute une fortune. Vanguélis songea à sa famille : elle en aurait fini une fois pour toutes avec la pauvreté, ses filles auraient une dot pour se marier, ses fils achèteraient leur propre terre, ils ne travailleraient plus comme des chiens dans les champs des autres.

Mais en pensant à Sophia et à lui, il eut honte : il était prêt à vendre une belle femme à des étrangers pour pouvoir vivre mieux avec une autre. Il la voyait déjà au fond d'un coffre obscur, couchée entre des livres et des papiers, quitter son pays pour une terre étrangère, montrer ses charmes à tout le monde, s'exhiber comme les lutteurs dans les foires.

Pourtant, comment fouler aux pieds sa chance comme si c'était une vulgaire motte de terre, voir sa famille ne manger de la viande qu'à Pâques et à Noël, verser au compte-gouttes l'huile dans la veilleuse… Il achèterait lui aussi, comme tant d'autres au village, une lampe à pétrole pour faire la veillée avec sa femme et ses enfants, voir leur visage, goûter ce simple plaisir. Il ne serait plus inquiet pour Sophia. Il n'avait jamais oublié qu'elle venait d'une famille riche. Si le seigneur Photinos l'avait déshéritée, sa mère avait une fortune personnelle qui tôt ou tard reviendrait à sa fille, transformerait sa vie, et la pauvreté de Vanguélis ressortirait davantage, comme la soutane noire du pope sur une route enneigée.

« Pardonne-moi, mais je ne peux pas faire autrement, je vais te vendre », murmura Vanguélis à la femme nue en baissant les yeux.

Il dirait à Sophia qu'il partait à la ville faire des achats, il s'adresserait à l'un de ces étrangers qui fouillaient partout à la recherche de pierres et de morceaux de marbre, il marchanderait la femme. Mais peu lui importait la somme, puisque de toute façon il ne possédait rien. Il avait entendu dire que près du village une très bonne terre était à vendre, avec des arbres et un puits ; si on lui donnait de quoi l'acheter, cela lui suffirait.

« … C'est elle qui m'a empêché de la vendre. Sinon, tu peux me croire, je l'aurais fait sans hésiter, et plutôt dix fois qu'une. On était dans le besoin, la famille s'agrandissait, et quand la fortune frappe à ta porte, c'est difficile de ne pas lui ouvrir, ou si tu le fais, de la chasser à coups de pied comme un chien galeux…

Le premier soir je l'ai vue en rêve. Elle me suppliait à genoux, en pleurant. Je ne savais pas quoi faire, je me suis levé, je suis sorti et je me suis mis à déambuler à travers champs comme une âme damnée. Je suis rentré, je me suis recouché, et voilà que ça recommence. Le lendemain, j'étais sur les rotules, j'avais l'impression que ma pioche était en plomb. Mais coûte que coûte, j'étais bien décidé. Les sous, tu sais, ça ferait lever un mort de sa tombe.

Pour me soulager un peu, j'ai fini par avouer à ta grand-mère la moitié de la vérité. Je lui ai dit que j'avais trouvé de vieux objets, je lui ai parlé du squelette, de la jarre, des cruches, de tout sauf de la femme… Ça ne m'a pas soulagé du tout. Alors, j'ai décidé d'en finir au plus vite.

Mais voilà que l'autre s'en est rendu compte et elle ne m'a plus laissé en paix un seul instant. Elle venait de plus en plus souvent dans mon sommeil me casser les méninges, elle pleurnichait, me suppliait, me promettait un tas de choses. Puis elle s'est mise à me tarabuster toute la journée, elle était sur mes talons dès que je partais au champ, elle me suivait sans dire un mot, ou se plantait devant moi au bord de la route et me tendait la main comme une mendiante.

Un jour que j'étais avec ta grand-mère, elle a surgi devant nous, toute vêtue de noir comme une veuve, le visage entièrement voilé d'un fichu noir pour que je ne la reconnaisse pas. Je l'ai reconnue pourtant, mais je n'ai rien dit. Je faisais semblant de regarder ailleurs. Alors, elle s'approche de ta grand-mère, relève un peu son fichu et lui dit en me montrant du doigt : " Que Dieu le garde, pour ton bonheur... Mais ne m'oubliez pas, pauvre de moi, qui n'ai pas de place au soleil ". Un peu plus loin, ta grand-mère me dit : " Elle n'est pas de chez nous, cette femme ; tu l'as déjà vue, toi ? " " Moi ? Jamais, je lui dis, où est-ce que je l'aurais vue ? "... »

Il travaillait sans s'arrêter, pas même pour reprendre haleine ou boire une gorgée d'eau à sa gourde. Il creusait, creusait avec rage, il ne voulait pas laisser une seule seconde de repos à son corps, il ne voulait pas lever la tête, car il savait, il sentait qu'elle était cachée là, tout près, qu'elle l'épiait, qu'elle ne le quittait pas des yeux. Chaque fois que la fatigue l'étreignait, il restait courbé, le regard rivé à terre, s'appuyait de tout son poids sur le manche de la pioche, reprenait quelques forces et continuait.

Soudain, il entendit près de lui un craquement de feuilles sèches, mais il se retint pour ne pas se retourner. Puis, il remarqua une ombre qui se profilait de temps en temps à côté de la sienne. Vanguélis reconnaissait les jambes, les bras, les épaules, les cheveux qui jouaient avec le vent. Il ne pouvait voir les yeux, mais il savait qu'ils étaient braqués sur lui, qu'ils le scrutaient, suivaient chacun de ses mouvements. Tout à coup, il entendit des hommes qui passaient sur la route, il eut envie de les appeler, d'engager exprès la conversation. Il fut donc obligé de se retourner... Il vit alors, un peu plus loin, une vieille femme qui ramassait des brindilles. Il ne semblait pas la connaître. Pour s'en assurer il lui cria bonjour, mais la vieille continua à ramasser son bois sans répondre.

Il ne tiendrait plus longtemps, il allait craquer... Il posa sa pioche, s'assit en plein soleil au milieu du champ, ouvrit sa besace, sortit son casse-croûte, son vin, et se mit à manger. Il évitait de regarder autour de lui, il ne voulait pas aller plus loin, se mettre à l'ombre ; elle pourrait le suivre, le rejoindre, le harceler. Là, sur cette terre nue, sans arbre, sans ombre, avec toute la lumière du soleil sur lui, il se sentait plus en sécurité, plus tranquille. Mais la chaleur l'accablait, le vin qu'il buvait était chaud comme une tisane, la sueur qui coulait à flots de son front lui tombait dans les yeux et l'aveuglait. Il n'en pouvait plus. La tête en feu, la vue trouble, il se traîna jusqu'au bout du champ et s'étendit à l'ombre d'un arbre pour se remettre. Il resta un bon moment sans l'entendre, sans la voir. Il se trouvait dans un endroit découvert, il la verrait de loin, il aurait le temps de se lever, de courir, il franchirait la rivière non loin de là et foncerait vers le village. En route, il rencontrerait des paysans, des ouvriers assis sous les arbres pour souffler un peu, il engagerait la conversation avec eux, il lui échapperait.

Il enleva sa chemise trempée de sueur, ferma un instant ses yeux qui lui faisaient mal, s'efforça de penser à sa maison, à sa famille, à la richesse qui l'attendait, de faire la part des choses en se représentant chaque jour et chaque nuit de sa nouvelle vie. Mais en vain ; pour pouvoir juger, soupeser, il lui fallait des mesures et des poids qu'il ne possédait pas. Depuis l'instant où il était sorti du ventre de sa mère, il mesurait le monde qu'il connaissait, le monde des pauvres, des déshérités, des paysans sans terre. Aucun homme de son pays, de son village, de son sang, n'avait jamais connu une autre vie dont il aurait pu décrire les dangers et les mérites.

Vanguélis pensa descendre à la ville, demander l'avis d'un riche. Mais ce serait sans doute peine perdue : le puissant, le commerçant, l'aristocrate ne sauraient que lui dire, comment le conseiller. Que pouvaient-ils bien savoir de l'existence d'un pauvre, de ses jours et de ses nuits, de ses angoisses ? Et là, dans cette lumière implacable qui l'assiégeait de partout,

Vanguélis discerna pour la première fois de sa vie les frontières secrètes du monde. Elles ressemblaient à celles qui séparent souvent deux propriétés sur le même champ : personne ne sait où elles se trouvent exactement, mais quand vient le temps des semailles, personne n'empiète sur la terre de l'autre.

Lorsqu'il la sentit près de lui, c'était trop tard, il n'avait plus le temps de fuir. Dans cette chaleur qui lui engourdissait l'esprit, l'ombre de la femme lui sembla s'abattre comme un filet qui le prenait au piège. Il s'était retrouvé sans force, sans volonté, seul, tout seul, et il ne lui restait plus qu'à attendre, immobile et silencieux, comme il avait entendu dire qu'il fallait faire devant l'apparition d'un mauvais génie ou d'un saint. Il n'osait pas ouvrir les yeux, mais il savait que c'était elle. Il essaya de l'imaginer, de deviner la forme qu'elle avait prise cette fois-ci, les habits qu'elle avait revêtus. Mais quand il la sentit s'approcher, s'asseoir par terre à ses côtés, sa pensée se paralysa :

— A quoi ressembles-tu aujourd'hui ? murmura-t-il les yeux toujours fermés.

— Qu'importe comment je suis, puisque tu sais qui je suis, répondit-elle.

— Je ne sais rien, et je ne veux pas savoir. Je t'ai sortie de terre sans le vouloir, par hasard. Si tu veux que je te remette là où tu étais, dis-le-moi et je le ferai, tu seras tranquille et moi aussi…

Il sentit ses doigts frôler son front :

— N'ouvre pas les yeux, il ne faut pas.

— Je me demande en quoi tu t'es changée cette fois… Si je pouvais te voir sans ouvrir les yeux…

— L'autre jour, quand tu t'es mis à creuser, tu ne savais pas comment j'étais, tu ne savais pas ce que tu trouverais, et pourtant tu creusais.

— Dans un champ je n'ai jamais rien trouvé d'autre que de la terre.

— Moi aussi je suis de la terre.

Vanguélis voulut se lever, mais la femme le retint en appuyant légèrement la paume de sa main sur son torse nu.

— Laisse-moi aller travailler, gagner mon pain comme je l'ai fait jusqu'à présent, protesta Vanguélis. Et tant pis si le champ ne m'appartient pas, j'ai des bras solides ; eux, ils sont bien à moi. Mais tu ne dois pas comprendre toi, tu es de la race des seigneurs, c'est sûr, qu'est-ce que tu peux savoir de la pauvreté…

— Mes yeux en ont peut-être vu davantage que les tiens…

Vanguélis sourit :

— Si c'était vrai, ils ne seraient pas si beaux.

Elle ne répondit pas. Elle se leva et regarda autour d'elle, prête à partir. Mais avant de faire un pas, elle se pencha de nouveau sur lui et de ses doigts effleura ses paupières closes, comme si elle voulait lui transmettre ainsi la plus douce, la plus secrète connaissance du monde.

« … Moi, je suis resté où j'étais. A la tombée de la nuit, je n'avais toujours pas envie de rentrer à la maison. Ta grand-mère a d'abord envoyé les enfants, puis elle est venue elle aussi. J'étais assis au pied d'un arbre, je ne disais rien, je leur faisais signe de s'en aller, de me laisser tranquille. A la fin, ils sont allés chercher le pope pour m'exorciser : ils croyaient que je m'étais endormi et que de mauvais esprits étaient venus me hanter dans mon sommeil.

Ensuite ils ont voulu me traîner de force jusqu'à la maison, mais moi je résistais, je pleurais comme un gosse. Ta grand-mère a eu pitié de moi, elle leur a dit de me laisser, et ils sont tous partis, sauf elle. Toute la nuit elle est restée près de moi ; elle m'a demandé ce que j'avais, mais je n'ai rien dit, ni à elle ni à personne.

Quand il a commencé à faire jour, j'avais le cœur si lourd que j'ai fermé les yeux pour ne pas voir le soleil qui se levait…

Quelques jours plus tard, je suis retourné dans le sanctuaire, mais je ne l'ai pas trouvée. A l'endroit où je l'avais déterrée, je n'ai retrouvé que les poteries ; il y avait aussi des boucles d'oreilles et un bracelet — sans doute des objets à elle, c'est pour ça que je n'y ai pas touché. J'ai tout laissé en place et j'ai remblayé le trou…

Au village le bruit a couru que j'avais découvert un trésor et que j'avais perdu la boule avec tant d'or tout d'un coup sous les yeux. Et lorsqu'un jour ta grand-mère a voulu savoir, je lui ai dit que tout ce que j'avais trouvé appartenait à un mort, et que les vivants qui veulent s'enrichir n'ont qu'à voler les vivants et pas les morts… »

Pendant des années il essaya d'acquérir cette terre, mais il n'y parvint pas. Elle devenait de plus en plus chère, les riches de la capitale ne cessaient de construire tout autour et les maigres économies de Vanguélis ne suffisaient jamais. Lorsque son fils aîné lui annonça un jour son intention d'acheter un petit terrain et de se marier, Vanguélis lui suggéra le champ qu'il affectionnait en secret, la terre où il avait trouvé la jeune femme en marbre. Mais le pécule du fils n'était pas plus grand que celui du père ; le terrain resta plusieurs années invendu, mais encerclé de plus en plus par les villas des étrangers, des riches.

Un jour, Vanguélis apprit qu'il avait trouvé preneur ; ce n'était ni un riche ni un étranger, mais un paysan du village qui mariait sa fille et achetait le terrain pour le lui donner en dot. Après le mariage, Vanguélis alla trouver le jeune marié : cette terre, lui dit-il, il la connaissait bien, il l'avait labourée des années entières, et il fallait faire très attention à ne pas jeter les fondations n'importe où. Il lui expliqua que d'un côté du terrain le sol risquait de s'affaisser, à cause d'une veine d'eau qui serpentait en profondeur. Le jeune homme écouta le conseil du paysan averti et laissa l'endroit libre.

Deux ans plus tard, quand la maison fut bâtie et que dans la cour piaillait déjà dans son berceau le premier-né de la famille, Vanguélis offrit au jeune ménage un beau plant de cyprès bien vert. « Je vais vous le planter à l'endroit qui est resté libre, pour consolider la terre », dit-il.

« ... A l'endroit où j'avais trouvé la femme nue, j'ai planté plus tard un cyprès. Va le voir, et tu comprendras. C'est maintenant un vrai géant, il faut les bras de quatre hommes pour en faire le tour.

Aujourd'hui encore, chaque fois que je le vois, je pense à elle. Mais cette femme-là, tu peux me croire, même quatre hommes n'auraient pas suffi pour en venir à bout au lit. Elle était mince, mais rien qu'à voir le creux de ses reins, tu comprenais... Son corps, mon gars, était de ceux qui n'ont pas beaucoup de poids, mais quand ils roulent sur toi, plus moyen de te remettre à la verticale... »

Le cyprès de Vanguélis existe toujours, mais il est coincé entre trois immeubles. Il retient autant qu'il peut le petit bout de terre qui lui appartient, et la terre en retour le serre et le protège. Entre ses branches passent des fils électriques et des câbles. Quelques-unes de ses racines s'éloignent, errent, voyagent sous le ciment et l'asphalte. Parfois elles surgissent par une bouche d'égout, affaiblies, dégoulinant de fange, mais elles n'ont plus la force de prolonger leur course souterraine ; elles s'arrêtent là et meurent.

La maison du jeune couple de jadis existe encore elle aussi, depuis très longtemps verrouillée et déserte. Rongé par la rouille, le portail penche un peu plus chaque hiver, il s'enterre tout seul. Il n'y a personne pour l'aider à se relever ou l'achever, lui donner le coup de grâce. Les derniers vieillards du village d'autrefois disent que la maison est hantée et que l'esprit qui l'habite empêche sa vente. D'autres affirment que le dernier propriétaire, émigré en Amérique, est mort là-bas sans héritiers, en léguant ses biens à un asile de vieillards qui ne s'intéresse pas à un lopin de terre à l'autre bout du monde. Les promoteurs qui ont écrit en Amérique pour demander la concession du terrain n'ont jamais eu de réponse.

La lèpre du temps ronge sans cesse la chair des murs, les plâtres se fissurent et tombent en écailles, les pierres dénudées s'effritent. Les fenêtres, vermoulues et croulantes, pendent à leurs gonds comme des ailes paralysées. Mais il y a là un mystère : le vieux bois est criblé de gros clous tout neufs. Et plus les persiennes penchent, plus les clous qui les retiennent se multiplient. Quelqu'un doit venir rafistoler les fenêtres, et seulement elles, mais personne ne l'a jamais vu. Les employés de la mairie assurent qu'aucune équipe n'a jamais fait de travaux dans la vieille maison. Quant aux voisins, ils n'ont même pas le temps de s'occuper de la leur, — comment pourraient-ils penser à cette maison déserte qui tombe en ruine ?

Un jour, une petite fille qui s'était glissée dans le jardin abandonné pour cueillir des fleurs sauvages, a trouvé un marteau. Il était par terre, sous les fenêtres croulantes, enfoui dans les herbes folles. La fillette le montre à qui le lui demande. C'est un outil étrange ; on dirait un ciseau de sculpteur, pareil à ceux qu'utilisaient les artistes de l'antiquité pour ciseler les statues…

VI

« … C'était l'année où il a fait sombre en plein jour, et la terre s'est mise à trembler et à mugir comme si on lui arrachait les tripes. Tout le monde était aux champs. Nous avons fait notre signe de croix et les femmes se sont précipitées dans les chapelles pour allumer des cierges et dire des prières. Mais la vraie catastrophe c'était le soir, quand on est rentré chez nous et qu'on a voulu tirer de l'eau pour boire et désaltérer nos bêtes : les puits étaient à sec. Alors, on s'est mis à courir d'une maison à l'autre, on a essayé tous les puits, mais c'était partout pareil, les seaux remontaient de la boue, la panique nous gagnait…

Le lendemain matin on a refait une tentative, mais il n'y avait plus rien à tirer, même pas de la boue. Et pour comble de malheur, on s'est rendu compte que tous les puits plongeaient dans la même veine, que le tremblement de terre l'avait coupée et que l'eau avait changé de route…

Alors, on s'est souvenu du vieux Loukas, l'aveugle, qui nous avait prédit un grand malheur, parce que l'un de nous avait blessé cet oiseau blanc qui voyageait… »

Les ingénieurs venus de la ville leur dirent : « Il faut ouvrir des puits ailleurs ; pour ceux-ci il n'y a rien à faire, ils sont morts. Les secousses ont fait dévier l'eau, il faut trouver de nouvelles nappes. »

Les villageois se rassemblèrent et ouvrirent un premier puits ; rien, pas une goutte, un sol desséché, vingt jours et vingt nuits à creuser en pure perte. Ils choisirent un autre endroit, mais avant de donner le premier coup de pioche, ils demandèrent au pope de bénir la terre, sacrifièrent un coq noir pour que son sang leur porte chance, et ils se mirent à l'ouvrage. Encore vingt jours et autant de nuits pour rien ; les entrailles de la terre restaient toujours aussi sèches et assoiffées que les leurs. Ils commencèrent à désespérer. L'été approchait, les champs avaient soif, et le peu d'eau qu'on ramenait de villages lointains suffisait à peine aux besoins des familles. Alors qu'ils ouvraient le troisième puits, la maladie décima les bêtes. La peur grandit, certains se mirent à rassembler leur famille et leurs biens pour partir, d'autres vendaient leurs champs pour une bouchée de pain et se dispersaient dans d'autres villages ou dans la capitale.

Le jour où Yorghis arriva au village, les puisatiers avaient commencé à sentir sous leurs pieds la terre humide. Ce n'était pas de l'eau, mais la sueur qui coulait inutilement de leur corps et leur haleine qui se condensait, humidifiait peu à peu les parois sèches. Yorghis était un garçon de vingt ans. Il s'approcha du puits, déchargea de son épaule un lourd cabas et salua les hommes qui creusaient :

— Je suis puisatier, dit-il. Laissez-moi faire et vous verrez.

Ils le regardèrent bouche bée. Même au plus profond du puits les hommes s'appuyèrent sur leur pic et leur barre à mine, tendirent l'oreille. La voix du jeune homme leur avait semblé plus fraîche encore que l'eau qu'ils cherchaient.

— Qui es-tu ? demandèrent les villageois.

— Je m'appelle Yorghis. Je suis de l'île d'Ikaria, si ça vous dit quelque chose ; de la sécheresse à revendre, une misère de tous les diables. Dans mon village nous avons en tout et pour tout un puits, et c'est moi qui l'ai ouvert. L'eau, je sais la trouver, où qu'elle se cache.

Il se pencha au bord du trou et cria aux terrassiers :

— On va vous remonter. Vous creusez pour rien.

Il saisit le treuil, les autres l'aidèrent. Bredouilles, ruisselant de sueur, jaunes comme des citrons à force d'avoir respiré le grisou, les puisatiers revinrent l'un après l'autre à la surface. Yorghis montra du doigt le sud du village :

— C'est par là-bas qu'on trouvera de l'eau, dit-il.

Son pays, ils en avaient entendu parler : une île aride, stérile, avec des montagnes comme des crânes chauves, burinées par le soleil, rongées par l'haleine de la mer. Si l'on avait réussi à trouver de l'eau dans les entrailles d'une pareille terre, on pouvait bien en trouver chez eux. Par ici la terre n'était ni sèche ni stérile ; tout simplement, le tremblement l'avait secouée, effrayée, violant dans sa rage tous les passages secrets de son corps. Peut-être ce garçon parviendrait-il à la rassurer de nouveau, à la prendre par la douceur et lui faire oublier le souvenir du séisme.

Ils lui demandèrent ce qu'il voulait en échange.

— De l'eau, comme vous, répondit-il.

Ils crurent qu'il se moquait d'eux, qu'il jouait avec leur misère, ils le soupçonnèrent d'être un de ces colporteurs qui vendent des herbes et des potions magiques, exploitent la détresse des gens, leur soutirent de l'argent et s'envolent dans la nature. Pour le sonder, ils l'interrogèrent sur sa famille, ses parents, son village. Yorghis leur confia qu'il n'avait connu ni père ni mère : des gens l'avaient découvert tout bébé, abandonné devant leur porte. Depuis son enfance, il avait le don d'entendre l'eau circuler au fond de la terre, et en observant le ciel, de prévoir les pluies, les orages, les tempêtes et même les nuées de sauterelles qui venaient du côté de l'Afrique. « Qu'est-ce que vous avez à perdre ? leur dit Yorghis. Si je trouve de l'eau, elle sera pour vous. Si je n'en trouve pas, j'en serai pour ma peine. »

Ils firent le tour de toutes les maisons du village, empruntèrent tous les chemins. Yorghis entrait dans les cours, saluait les gens, plaisantait avec les enfants, jouait un moment avec eux, et lorsqu'il voyait que le temps passait, que les villageois qui le suivaient s'impatientaient, il se relevait en disant : « Allons ailleurs ; ici je n'entends rien. » Ainsi, de cour en cour, de maison en maison, ils arrivèrent au bout du village, aux abords des champs de blé, là où, avant le tremblement, le torrent qui dévalait de la montagne arrosait toute la terre alentour, la rendait verdoyante. Ils descendirent ensemble le ravin pour passer en face, leurs pieds butaient contre les galets blancs du lit desséché, s'enfonçaient dans le sable brûlant. Soudain, en débouchant de l'autre côté, Yorghis aperçut une petite maison isolée, entourée d'une murette. Une ribambelle de gamins couraient en tous sens, jouaient, se poursuivaient, faisaient voler la poussière. De l'intérieur, la mère les réprimandait, s'égosillait à leur dire d'arrêter ces jeux qui donnaient soif, car elle avait très peu d'eau en réserve. Les enfants avaient fini par obéir. Tristes et silencieux, ils s'étaient assis sur le seuil en pierre, ils essayaient de comprendre mais n'y arrivaient pas, et ils restaient là, courbant la tête comme de vieilles femmes.

Yorghis remarqua dans un coin de la cour un jeune cyprès, vigoureux et bien vert. Dans la sécheresse et la désolation qui régnaient aux alentours, à côté des autres arbres au feuillage fané, aux branches pleureuses, c'était un vrai miracle.

— Allons voir là-bas, dit le jeune puisatier.

Ils entrèrent dans la cour de la maison, Yorghis se dirigea vers le cyprès, s'étendit au pied de l'arbre, colla son oreille à terre et écouta attentivement.

— Qu'est-ce que tu entends ? lui demandèrent les villageois.

— La terre qui respire, répondit-il.

Intrigués, craintifs, les enfants s'approchèrent de l'homme qui était à plat ventre, se mirent à l'observer, à le toucher, comme s'ils voulaient s'assurer qu'il était bien réel, en chair et en os comme les autres.

— Je peux écouter moi aussi ? dit l'un d'eux.

Yorghis le fit s'étendre à côté de lui et coller l'oreille contre le sol. Tout à coup, l'enfant redressa la tête et regarda les hommes autour de lui : ses yeux étincelaient, ils n'étaient plus voilés de tristesse. Alors, tout le monde se mit à plaisanter, oubliant un instant le malheur qui s'était abattu sur le village. La maîtresse de maison sortit avec un plateau, un pot de sucreries, des verres et une carafe d'eau. Elle servit d'abord l'étranger, en remplissant son verre à ras bord.

— Bois tout ton soûl, dit-elle. Et que Dieu ne nous prive plus de son eau.

Ils commencèrent à creuser le jour même. Ils ne s'arrêtaient pas, même pour reprendre haleine ; Yorghis leur répétait qu'ils ne devaient pas se reposer avant d'avoir repéré l'eau, enfoncé leurs pioches dans un sol moite, ou déraciné la première pierre humide. La terre non plus n'avait pas une minute de répit ; chaque fois que Yorghis sentait ses bras fatigués, sur le point de fléchir, il laissait sa pioche plantée dans le sol, appelait, et d'autres descendaient prendre la relève. Nuit et jour des gémissements s'élevaient du fond du puits, les hommes s'éreintaient l'un après l'autre, mais comme une femme inassouvie la terre les épuisait, puis les rejetait. Lorsqu'ils remontaient à la surface, ils étaient tous livides et traînaient les pieds comme des vieillards.

Ils s'acharnèrent un mois sans résultat : le ventre de la terre demeurait sec, insensible. Un jour, quelqu'un poussa un cri : devant ses pieds le sol lui avait semblé moite. On le fit sortir en vitesse, un autre descendit continuer à sa place, mais au premier coup de pioche il comprit que l'on s'était réjoui pour rien : ce n'était pas l'eau qui mouillait la terre, mais toujours la sueur qui ruisselait sans cesse. La peur et le désespoir les envahirent de nouveau, mais ils continuaient à creuser, car Yorghis les talonnait, les exhortait, les consolait, leur donnait du courage ; l'eau n'était plus très loin, leur disait-il, elle allait jaillir à leurs pieds d'un instant à l'autre.

Mais à la place de l'eau jaillit l'échine rugueuse d'un rocher couleur de plomb. Ils tentèrent de le déraciner, de le déloger avec des barres, mais ils comprirent très vite que leurs efforts étaient vains ; le rocher avait des racines profondes, inaccessibles.

L'anxiété des hommes redoubla lorsque soudain, des entrailles de la terre, plus profond encore que les racines du rocher, leur parvint un grondement caverneux, incessant. Cette fois, annonça Yorghis, pas d'erreur : ce grondement était bien celui d'une rivière souterraine, avec de l'eau pure, fraîche, inépuisable ; et cette source ne se tarirait jamais, car elle captait toutes les eaux du ciel et de la terre, elle resterait vivante jusqu'au jour où Dieu cesserait de déverser sa pluie sur ce monde.

Ils percèrent les parois du puits, ouvrirent des galeries latérales pour contourner le bloc inébranlable et continuer à creuser en profondeur. Le grisou s'infiltrait sournoisement par les crevasses de la terre, les torturait de plus en plus, les étouffait, paralysait leurs bras, brisait leurs forces. Mais toute la force du monde ne leur aurait servi à rien : la pierre était invincible. Un premier homme jeta sa pioche, cria qu'on le remonte, un autre le suivit bientôt, puis un troisième ; ils avaient tous les poumons saturés de grisou, les yeux troubles, le front jaune. Même si cette pierre ne s'était pas trouvée sur leur chemin, le gaz les aurait empêchés de poursuivre, car à une telle profondeur le mince filet d'air qui arrivait de l'extérieur ne suffisait pas à purifier l'atmosphère.

Soudain, Yorghis leur lança :

— Faut faire sauter ça à la dynamite.

Ils le regardèrent comme s'il était devenu complètement fou :

— Tu te fiches peut-être de ta jeunesse, mais nous on veut pas t'avoir sur la conscience. Pour creuser ta mine, tu dois t'attaquer à la pierre un bon bout de temps, tu tiendras pas le coup, le grisou va t'étouffer.

— Vous n'aurez qu'à m'attacher.

— Pour te remonter mort... Cette terre-là, c'est foutu, terminé, c'est comme si tu couchais avec une vieille : t'as beau la peloter, tu perds ton temps, il n'y a rien à en tirer... Ne te tracasse pas pour nous, t'as fait ce que t'as pu, et Dieu te le rendra.

Yorghis s'assit à l'écart sur une pierre pour réfléchir, prendre une décision. Autour de lui les villageois ramassaient déjà leurs outils et s'en allaient l'un après l'autre.

— Laisser tomber après tant de peine, ça vous est égal ? demanda le jeune puisatier.

Ils ne répondirent pas, ils ne voulaient pas lui dire des paroles amères, désespérées, avouer qu'ils avaient cessé de le croire, qu'ils ne l'avaient jamais tellement cru. Ils l'avaient suivi comme tant d'autres, étrangers, ingénieurs, sorciers, popes, savants. Ils ne voulaient pas lui dire qu'ils connaissaient mieux que lui leur terre ; ils y avaient trimé des années et des années, ils connaissaient ses manies, ses bontés, ses rages. Là où leurs propres bras avaient échoué, personne d'autre ne pouvait réussir. Cependant, il y avait autre chose qu'ils n'osaient pas avouer. Lorsqu'ils furent partis, un enfant de la maison s'approcha et lui révéla le lourd secret des hommes : un jour, quelqu'un avait blessé sans raison un grand oiseau blanc qui passait dans le ciel, et toutes les plaies du monde s'étaient alors abattues sur le village, ses terres et ses bêtes.

Assis sur sa pierre, Yorghis écoutait sans rien dire, il regardait les enfants qui s'étaient groupés autour de lui et attendaient. Ils étaient souriants et calmes, comme au jour du premier coup de pioche.

— J'ai dit que je trouverais de l'eau, et j'en trouverai, murmura le puisatier.

De ses yeux coulaient des larmes. La mère des enfants l'observa, l'air pensif. Puis elle courut appeler son mari. Dès qu'elle le vit sortir de la maison, elle saisit une barre à mine et la lui tendit. Il la regarda interloqué :

— Pour quoi faire ?

— Lui donner un coup de main, tu vas descendre avec lui.

— Tu es folle ! Avec tout ce grisou ?

— Le grisou, je m'en fiche. Si tu ne descends pas trouver l'eau qui coule sous notre maison, c'est moi qui descendrai.

— Et qui fera marcher le treuil ? Les hommes sont partis.

— Il reste les femmes.

Du côté de la route retentirent des pas. Une vingtaine de femmes s'avançaient, les outils de leurs maris sur l'épaule. Arrivées près du puits, elles se déchargèrent, retroussèrent leurs manches :

— Allez, dirent-elles à Yorghis, prépare-toi à descendre.

Le soleil s'était couché depuis longtemps, la nuit régnait, et du fond du puits montait toujours le tintement des barres qui cognaient contre la pierre, perçaient la mine, déblayaient. Les femmes avaient apporté des falots, allumé des torches qu'elles tenaient au-dessus de la bouche du puits. Tout autour, à la lueur des flammes, l'endroit s'était empourpré, les femmes s'activaient, maniaient le treuil, faisaient descendre et monter les deux hommes. On eût dit un coin de l'enfer ; tourmentés par le feu, torturés par la soif, les condamnés essayaient d'ouvrir un tunnel, de traverser la terre pour échapper à leur supplice.

Les deux puisatiers se relayaient sans relâche. Ils s'asseyaient dans l'élingue, les femmes leur passaient la corde entre les jambes, autour de la taille, sous les bras, leur donnaient à avaler un peu de vin, les encourageaient et les replongeaient au fond de la terre. Puis, penchées au-dessus du gouffre, elles les suivaient des yeux, tendaient l'oreille, attentives au martèlement de la barre ; si les coups s'espaçaient ou s'arrêtaient tout à fait, cela signifiait que le grisou commençait à étouffer le puisatier, à lui couper les forces. Alors, sans attendre, les femmes se jetaient sur le treuil, hissaient l'homme pour qu'il récupère.

Lorsque la mine eut atteint le cœur de la pierre, Yorghis cria qu'on le remonte pour préparer les explosifs. Personne ne soufflait mot. Les femmes avaient écarté les torches et se tenaient à bonne distance : une étincelle pouvait jaillir, mettre le feu à une mèche et faire sauter tout le monde. Quand il eut fini, le jeune puisatier s'installa dans l'élingue et dit qu'il était prêt. A cet instant le ciel commençait à s'éclairer, bientôt il ferait jour.

— Bon signe, dit Yorghis. L'eau va sortir en même temps que le soleil.

Les femmes l'embrassèrent, puis l'attachèrent solidement et le firent descendre. Arrivé au fond, Yorghis bourra la mine, tendit l'oreille une dernière fois pour écouter le grondement de la rivière souterraine qui se cachait sous l'inébranlable rocher. Et s'il s'était trompé ?... Si ce n'était pas l'eau qui coulait, mais la rumeur du monde extérieur qui se répercutait jusqu'au fond du puits ? Il avait entendu de vieux puisatiers dire qu'il ne fallait pas faire confiance à ses oreilles ni à ses yeux, tant que l'on travaille dans le ventre de la terre. Tant d'hommes, tant de puisatiers avaient cru entendre le murmure d'une veine d'eau, alors que c'était leur sang qui circulait dans leurs propres veines... Bien d'autres encore avaient tout à coup senti le sol prendre vie, devenir chaud, mais ce n'était que la fatigue, la peur et le grisou qui troublaient leur esprit... Tandis que Yorghis s'apprêtait à mettre le feu à la mèche, il se souvint de ce vieux puisatier qui lui avait appris le métier. Un jour, on l'avait attendu des heures entières, mais l'homme ne parlait pas, ne voulait pas sortir. Quelqu'un descendit alors voir ce qui se passait et trouva le puisatier à plat ventre, en train d'embrasser la terre comme si c'était le corps d'une femme...

Yorghis alluma la mèche :

— Tirez-moi ! hurla-t-il.

Pour aller plus vite, les femmes se ruèrent toutes sur le treuil, la corde se raidit brusquement et craqua. Sans s'affoler, elles jetèrent une nouvelle corde. Dans les premières lueurs du jour, à travers la fumée qui s'échappait de la mèche, Yorghis vit le câble descendre du ciel comme un serpent salvateur ; il le saisit, l'enroula autour de son corps et cria de nouveau. Tout en actionnant le treuil, les femmes se penchaient, regardaient dans le cratère fumant, hurlaient pour donner du courage à l'homme qui approchait de la surface, tendait les bras. La mine sauta.

Le jeune puisatier eut juste le temps d'entrevoir un visage de femme aux cheveux longs, dénoués, flottant dans le vide comme des plantes aériennes. Les gaz de l'explosion fouettèrent Yorghis en plein visage et lui brûlèrent les yeux.

« … On en a bavé pour trouver de l'eau, on creusait partout comme des taupes, mais rien à faire : la seule chose qui mouillait un peu la terre sous nos pieds, c'était notre propre sueur…

C'est Yorghis qui nous a sortis du pétrin — Dieu le garde. Je ne me souviens pas d'où il venait. D'une île, je crois. On l'a suivi parce qu'on ne savait pas quoi faire d'autre, tout le monde était au désespoir. Et quand tu es au désespoir, mon petit gars, tu ne sais plus rien, tu es prêt à suivre celui qui te dit : “ Moi, je sais ”… C'est pour ça qu'on a suivi Yorghis, parce qu'il nous avait dit : “ Moi, je sais. ” Et on a trouvé de l'eau, beaucoup d'eau, et de la bonne. Mais le puisatier qui l'a fait sortir, lui, il ne l'a jamais vue, parce que la mine a explosé pendant qu'il remontait, et il est resté aveugle… »

Un jour, Yorghis alla trouver le maire du village. « Je ne peux plus rester là sans rien faire, dit-il, je ne peux pas manger pour rien le pain que vous me donnez. Je veux travailler. » Mais il était aveugle, il ne pouvait plus reprendre son métier. Alors, on lui proposa de devenir crieur : il irait sur la place du village crier les nouvelles, les avis de la mairie, annoncer l'arrivée des comédiens, des chanteurs, les foires aux bestiaux qui se tenaient dans les villages voisins, les offres des grands propriétaires de champs qui cherchaient de la main-d'œuvre pour le labour ou les vendanges.

Yorghis sortait dans les rues, aux carrefours, sur la place, sur le parvis de l'église après la messe, criait ce qu'il avait à crier, allait plus loin, dans un autre quartier, recommençait. Lorsqu'il n'avait rien à annoncer, il prenait sa besace, son bâton de chêne vert, et cheminait de village en village, descendait dans la capitale ou suivait les camelots qui parcouraient d'autres régions, d'autres villes. Sitôt rentré au village, il allait s'installer au grand café de la place, et d'une voix lente, traînante, il racontait ce qu'il avait appris, ce qu'on lui avait dit, tout ce que ses oreilles avaient récolté. Peu à peu sa mémoire s'enrichissait, mais il lui arrivait aussi de s'embrouiller, de confondre lieux et temps, de mêler les histoires vraies à celles que créait son imagination. Alors, plus personne ne pouvait les distinguer, et lui non plus.

Un jour, de retour d'un voyage, il sortit de sa besace un petit instrument de musique à trois cordes et un archet qu'il avait achetés dans une foire. « On appelle ça une lyre, dit-il aux paysans qui se la passaient de main en main pour l'examiner. Je vais apprendre à en jouer pour mieux vous raconter mes histoires. » Puis, il appuya l'instrument sur son genou et donna les premiers coups d'archet pour essayer. Dans le café tout le monde en admira le son, même s'il manquait encore d'assurance et de fermeté. Jour après jour, nuit après nuit, Yorghis apprenait à jouer, améliorait les sonorités, ajoutait des ornementations. Sa réputation s'étendit à d'autres villages, on l'invitait à venir raconter, chanter, jouer de sa lyre.

Le puisatier aveugle jouait, jouait et racontait ses histoires, et personne ne se souciait plus de savoir si elles sortaient de son imagination ou de sa mémoire, où se trouvaient le mensonge et où la vérité, de quels lieux, de quels temps et de quels personnages il leur parlait. Parfois, au beau milieu d'un chant, Yorghis se rappelait tout à coup qu'il avait à proclamer un avis du maire ou une vente de terrain. Alors, au lieu de se lever pour crier comme il en avait l'habitude, il restait assis et se mettait à chanter son annonce, tout en s'accompagnant à la lyre.

C'est ce qui lui arriva un dimanche soir, alors qu'il criait un avis de la préfecture qui demandait des ouvriers pour construire un grand aqueduc. L'ouvrage amènerait l'eau des sources de la montagne jusque dans la plaine ; la terre et les hommes ne devaient plus jamais connaître les souffrances qu'ils avaient endurées. Personne n'avait oublié ce qui s'était passé après le tremblement de terre, la sécheresse et la désolation des champs de blé, les familles qui bazardaient leurs biens et quittaient le pays, personne n'avait oublié la soif.

Tandis que les villageois écoutaient l'avis, le crieur s'assit, prit sa lyre et se mit à chanter. L'aqueduc fut oublié, les lieux et les époques bousculés, mélangés, les hommes de la chanson ouvraient un puits, ils creusaient, piochaient, frappaient la terre : quarante jours et quarante nuits de travail, de sueur, d'efforts inutiles. Jusqu'au soir où une belle naïade apparaissait au maître-puisatier et lui révélait l'endroit où il fallait percer la terre ; l'eau en jaillirait, mais il ne la verrait jamais. Car qui creuse toute sa vie dans les entrailles de la terre, de ses yeux n'a plus que faire.

Le chant de l'aveugle s'éteignit. Seule la lyre vibrait sous ses doigts. Soudain, les villageois baissèrent la tête, et des larmes coulèrent de leurs yeux.

« … Yorghis est resté au village et il est devenu crieur public. Il avait une belle voix, belle et puissante, il chantait souvent. La plupart des chansons que je te disais quand tu étais petit, c'est de lui qu'elles me venaient…

Il allait dans les cafés le dimanche et les jours de fête, il nous racontait un tas d'histoires. Il avait déniché une lyre et jouait. C'est comme ça que Yorghis gagnait son pain : il jouait et chantait. Il pondait un tas de choses de sa tête ; le reste, il l'apprenait au hasard de ses voyages.

Quand il avait de bonnes nouvelles à nous dire, il commençait par jouer de la lyre pendant des heures, il y mettait toute sa joie ; à la fin, il nous donnait les nouvelles. Quand elles étaient mauvaises, il ne touchait pas à sa lyre, il les disait comme ça, sans musique.

Et c'est ainsi qu'un jour il nous a annoncé la guerre, sans musique. »

Dans la nuit tombante, le cri de Yorghis résonna jusqu'à l'autre bout du village, jusqu'aux dernières maisons. Les femmes prirent leurs bébés dans les bras, saisirent les autres marmots par la main et se précipitèrent dans la rue. Certaines commencèrent à préparer des baluchons, à atteler chevaux et ânes. Les plus jeunes, qui n'avaient jamais connu la guerre, couraient demander conseil à leurs aînées qui les rassuraient, leur disaient de ne pas s'affoler, de se préparer et d'attendre. Rien d'autre. Au loin, sur la place, le cri de Yorghis retentissait toujours : « La guerre !... la guerre ! »

Le lendemain, quelqu'un arriva d'Athènes pour tirer au sort les hommes qui seraient recrutés. Ceux qui avaient de la chance retournaient à leur travail. Les autres allaient se préparer en maudissant leur destin d'homme. Sur la place du village il ne resta plus que Yorghis et quelques vieillards. Ils entrèrent dans le café, s'installèrent l'un près de l'autre comme des moutons apeurés et Yorghis se mit à jouer de sa lyre. Il jouait le même air, traînant, mélancolique, pendant des heures. Les vieux écoutaient, mais personne ne disait rien. Devant le café commençaient à passer les hommes qui partaient à la guerre. Ils se rassemblaient un peu plus loin sur la grand-route qui menait à Athènes, des militaires les attendaient, leur donnaient des papiers et les embarquaient dans des camions. On apprit que la guerre se déroulait au « front ». Personne n'en avait jamais entendu parler, car jusque-là les guerres se passaient autrement, les gens connaissaient, voyaient ceux qui venaient fouler leur sol. A présent, les choses étaient différentes : l'ennemi, personne ne le connaissait, personne ne l'avait vu. Pour pouvoir se massacrer, les hommes devaient voyager des jours et des nuits.

La guerre prit d'abord dans ses filets les deux fils aînés de Vanguélis. Quelque temps après, Yorghis annonça que les maisons riches d'Athènes cherchaient des bonnes. La plupart d'entre elles revenaient travailler dans leurs villages, à la place des hommes mobilisés. Les trois filles de Vanguélis préparèrent leurs baluchons, demandèrent la bénédiction de leurs parents et s'en allèrent à la capitale. Ce n'était pas le pain, le toit, le foyer qui leur manquaient, mais la dot pour pouvoir un jour se marier. En les voyant partir, Vanguélis ne dit rien. Sophia non plus. Le soir venu, longtemps après le coucher du soleil, quand ils fermèrent la porte de la maison, l'homme et la femme s'aperçurent qu'il y avait des chaises en trop devant la cheminée. Et ils se mirent à pleurer. Par habitude, Sophia fit à manger pour toute la famille, mais elle s'assit dans un coin en prétendant qu'elle n'avait pas faim. Vanguélis ne toucha pas non plus au repas.

Dans leur chambre, le lit leur apparut comme le seul meuble de la maison qui n'avait pas changé. Là, il n'y avait pas de place en trop comme devant la cheminée.

« … Dans cette guerre, tu sais, il s'en est passé de terribles, c'était les bouchers contre les charcutiers. A force de s'étriper, les hommes diminuaient, il en venait d'autres régions, les trains les transportaient de l'autre bout du monde. A peine débarqués, ils couraient s'entrégorger avec ceux qui les attendaient.

Moi, j'ai échappé au carnage, parce que la première fois qu'ils ont pris des hommes au village, je n'ai pas été tiré au sort. Plus tard, quand ils ont commencé à embarquer tout le monde, je suis encore resté là, parce que j'avais beaucoup d'enfants. Mais ils sont venus me réquisitionner le cheval et la charrette. C'était comme s'ils m'avaient coupé les bras…

Au village on ne comptait plus qu'une poignée d'hommes, les champs restaient en friche, la terre à l'abandon, la guerre tirait en longueur. Et comme la terre les femmes n'avaient plus personne pour s'occuper d'elles, alors elles se jetaient des sorts, se crêpaient le chignon, et quand elles n'avaient plus rien d'autre à faire, elles se consolaient en s'offrant les hommes qui étaient restés au patelin.

Et c'est ainsi que le chambardement du monde a commencé, mon petit gars ; par la terre et les femmes… C'est par elles qu'il faut toujours commencer, si tu veux refaire ou détruire ce monde… »

VII

« … Un an après le début de la guerre, on est partis avec Yorghis voir ce qui se passait au front. Enfin, comme il était aveugle, c'est moi qui allais voir pour nous deux…

Tout le village nous a accompagnés un bout de chemin : comme la plupart des hommes étaient à la guerre, toutes les familles nous chargeaient de leur donner des nouvelles. On allait à pied et on ne savait pas quand on arriverait. Quelqu'un du village qui était revenu à pied du front avait mis un mois pour arriver. Il avait déserté. A peine avait-il mis les pieds chez lui, qu'ils étaient venus le prendre pour le renvoyer de force à la guerre. Et comme en chemin il criait encore qu'il ne voulait pas retourner se battre, ils l'avaient plaqué contre un mur et fusillé.

Nous sommes d'abord passés par Athènes pour voir mes filles qui travaillaient là-bas. Quand je les ai vues, ça m'a fait mal au cœur, parce que chez nous, au village, les bonnes ça n'existait pas. Jusqu'alors, il n'y avait que les hommes qui servaient d'esclaves aux gens… »

C'était la semaine sainte, car au premier village qu'ils atteignirent au coucher du soleil, ils entendirent les cloches sonner le glas et virent les femmes sortir des maisons et se diriger vers l'église. Ce soir-là on allait crucifier le Christ, mais la crucifixion aurait lieu plus tôt que d'habitude : il n'y avait plus d'hommes au village et les femmes voulaient rentrer chez elles avant la tombée de la nuit.

Étonnées de voir Vanguélis et son compagnon aveugle pénétrer dans l'église, elles se signèrent en remerciant Dieu de leur avoir envoyé des hommes pour le crucifier, car elles ne voulaient pas le faire elles-mêmes, jamais elles ne l'avaient fait. Le moment venu, le pope, un petit vieux courbé et tout tremblotant, appela Yorghis et Vanguélis pour l'aider à sortir du sanctuaire une énorme croix de bois, toute noire, lourde comme du plomb. L'aveugle la chargea sur son épaule, cria aux femmes de lui faire de la place car il ne voyait pas, et avança le premier ; derrière lui, le pope menait dans ses bras le Christ à la mort, et Vanguélis suivait, portant le socle de pierre.

Ils se mirent à faire le tour de l'église. Yorghis haletait, souffrait, ses genoux fléchissaient. De temps à autre, les femmes accouraient lui éponger avec leurs mouchoirs la sueur qui ruisselait de son front, inondait ses yeux éteints. Soudain, alors que la procession touchait à sa fin, l'aveugle trébucha, faillit tomber, mais de nouveau les femmes l'aidèrent à se tenir sur ses jambes pour accomplir le chemin qui lui restait.

Le pope souleva le Christ pour le mettre en croix, mais les bras des trois hommes n'y suffisaient pas.

— Donnez-nous un coup de main, cria-t-il aux femmes.

Elles ne bougeaient pas, elles ne l'avaient jamais fait et ne voulaient pas.

— Ce n'est pas un péché, tonna le pope. Nous, on le crucifie depuis toujours ; pour une fois, crucifiez-le vous aussi.

Aucune n'obéit, aucune ne s'approcha. Leurs yeux s'étaient emplis de larmes, elles songeaient à leurs maris, à leurs enfants qui se battaient, qui se faisaient tuer à la guerre, elles regardaient le Christ à demi accroché à la croix, qui attendait sa mort en silence.

— Ne le crucifie pas, mon père, supplia l'une d'elles. Laisse-le vivre cette année, et que le péché retombe sur nous.

Elles se mirent à crier, à implorer en chœur de faire grâce au Christ, à se rassembler autour de la croix pour empêcher le pope d'approcher. Tout à coup, elles jetèrent les fleurs et les couronnes qu'elles avaient apportées, les piétinèrent, repoussèrent Vanguélis, Yorghis et le pope, et sans toucher ni la croix ni le corps du Christ, elles se serrèrent les unes contre les autres :

— Aie pitié de lui, mon père, c'est un homme lui aussi, comme les autres, continuèrent-elles à supplier.

— Dégagez, espèce de folles ! fulmina le vieux pope en brandissant le marteau qu'il avait dans les mains.

Les femmes reculèrent à contrecœur, se retirèrent au fond de l'église, s'agenouillèrent, baissant la tête pour ne pas voir. Les hommes se retrouvèrent seuls pour achever la crucifixion. Lorsque retentit le premier coup de marteau sur le bois sec, l'une des femmes leva les yeux, regarda de loin le Christ et poussa un cri :

— Mon enfant, ils te crucifient !...

Plus tard, à la fin de la messe, les deux compagnons allèrent s'asseoir sur une pierre devant la porte de l'église.

— Nous voilà devenus des crucifieurs, murmura Vanguélis. Sans nous le Christ s'en serait tiré.

Les yeux de l'aveugle s'étaient inondés de larmes. En entendant sa petite lyre jouer un air lent et triste, les femmes qui sortaient de la messe leur jetaient des pièces dans une assiette en fer-blanc.

« ... Au premier village où nous nous sommes arrêtés, c'était le soir du jeudi saint. Le pope nous a demandé de lui donner un coup de main pour mettre le Christ en croix, parce que tous les hommes du pays étaient à la guerre. Après quoi il nous laisserait dormir dans l'église.

Mais voilà qu'au moment de la crucifixion, les femmes se sont rassemblées pour nous empêcher de faire notre boulot ; elles avaient pitié du Christ, elles pensaient à leurs maris et à leurs enfants qui risquaient de mourir à la guerre. Mais on ne les a pas écoutées et la crucifixion a bien eu lieu. Ensuite, pour notre peine, elles nous ont apporté de quoi manger dans une assiette. Elles nous ont aussi laissé quelques pièces. On a touché moins que Judas...

Mais on n'a pas pu dormir de la nuit : les femmes n'avaient pas voulu rentrer chez elles, elles étaient restées dans l'église pour veiller le crucifié. On les entendait qui pleuraient sans cesse, impossible de fermer l'œil... »

Ils quittèrent le village, le souvenir de leur acte infâme leur écrasant le cœur comme un bloc de pierre. Ils se mirent en route à l'aube, le ciel rosissait à peine ; ils marchaient en silence, tête basse, rasant les murs comme des voleurs. Pourtant, ils n'avaient rien volé, les quelques pièces au fond du baluchon leur appartenaient, c'était la récompense de leur peine. Mais ce salaire leur pesait de plus en plus, et à chaque carrefour ils s'arrêtaient, réfléchissaient, puis continuaient leur chemin. Soudain, ils entendirent la cloche lointaine d'un autre village, qui sonnait le glas pour la mise au tombeau ; ils n'osèrent même pas se signer. Ils choisirent un sentier qui les mènerait au loin, dans les champs, dans des lieux isolés. Mieux valait laisser en lambeaux la chair de leurs pieds sur la pierraille acérée, se traîner sur les genoux, sur le ventre, la bouche pleine de terre sèche, que traverser un autre village, voir les gens préparer les funérailles du Christ, se prosterner devant son corps torturé, transpercé de clous, criblé de coups de lance.

Le sentier devenait de plus en plus âpre, il était parsemé de ronces, de cailloux tranchants qui leur blessaient la plante des pieds. Tout à coup, à deux pas devant eux, une vipère dressa la tête en sifflant.

— Un serpent, Yorghis ! cria Vanguélis, et il empoigna fermement son bâton.

Il eut beau lui lancer des pierres, la menacer, au lieu de se terrer dans sa tanière le reptile se raidit et se mit à darder sa langue fourchue.

— Il ne veut pas s'en aller, Yorghis…

— Pourquoi s'en irait-il ? Il défend son territoire, c'est ainsi que Dieu l'a ordonné, c'est ainsi qu'il doit faire. C'est un signe, nous devons passer par le village.

— Je vais le tuer, pesta Vanguélis en soulevant une grosse pierre.

Yorghis le retint :

— Ça ne t'a pas suffi qu'on tue Dieu, tu veux maintenant qu'on ait sur les mains le sang du Diable, dit-il amèrement.

Lorsqu'ils entrèrent dans le village, la procession s'ébranlait. Psalmodiant, récitant des prières, les paysans suivaient l'Épitaphios [1], les femmes poussaient des cris perçants et maudissaient les crucifieurs, l'air sentait l'encens et la terre humide. Effrayés, muets, les deux voyageurs se collèrent contre un mur. Au passage du cortège une vieille leur mit dans la main un cierge allumé ; elle les regarda de près, son haleine empestait :

— Vous ne les avez pas vus ceux qui ont crucifié le Christ ?

— Non grand-mère, on ne les a pas vus, répondit Vanguélis.

— Maudits soient les crucifieurs ! hurla une voix.

En vain le pope leva-t-il les bras au ciel, en vain ordonna-t-il aux fidèles de respecter le jour du vendredi saint, d'ensevelir Dieu dans la crainte et l'humilité. La foule criait, proférait des malédictions ; comme toujours, il s'en trouva un pour saisir la première pierre, et tous alors menacèrent de lapider les étrangers. Pris de panique, Vanguélis attrapa l'aveugle par la main et ils détalèrent. Abandonnant au milieu de la rue le Christ sans sépulture, laissant l'Épitaphios tout seul dans la poussière, les

1. Ouvrage en bois sculpté représentant le tombeau du Christ.

paysans se lancèrent à la poursuite des fuyards, mais ils les perdirent dans la nuit qui s'était abattue pour de bon sur le village. Longtemps après retentissaient encore les cris, les hurlements des chiens et la cloche de l'église qui invitait en vain les fidèles à achever l'enterrement du Christ.

Les deux hommes se réfugièrent dans une grotte isolée, se tapirent dans un coin ; l'orage finirait bien par s'apaiser, la cérémonie funèbre se terminerait et les gens rentreraient chez eux. Plus tard, après s'être assurés qu'il n'y avait plus personne dans les rues du village, ils quittèrent leur cachette et se dirigèrent à pas de loup vers l'église. Ils n'y trouvèrent que le pope et quelques femmes vêtues de noir, agenouillées devant le tombeau chargé de fleurs, le front appuyé sur les dalles froides. Vanguélis sortit de sa besace les quelques pièces qu'ils avaient reçues dans l'autre village pour la crucifixion et les jeta aux pieds du pope :

— Tiens, mon père. Et si tant est qu'on pardonne à des damnés comme nous, donne-nous l'absolution.

Le pope les regarda de ses yeux rougis et tirés par la longue veille :

— Qu'avez-vous fait ? demanda-t-il.

Vanguélis lui désigna les pièces éparpillées sur les dalles, demeura tête basse et se mit à pleurer.

« … L'affaire s'était répandue dans les villages voisins, car le lendemain nous sommes tombés au beau milieu d'une procession, et ils nous ont reconnus. Ils se sont jetés sur nous, ils ont bien failli nous tuer. C'est que, tu vois, en ce temps-là c'était encore comme ça : les gens défendaient le Christ, ils ne le laissaient pas mourir tout seul sur la croix…

Aujourd'hui encore je me dis : mon pauvre Vanguélis, c'est par nécessité que tu es devenu crucifieur. Tout comme Judas l'Iscariote, par nécessité. Voilà pourquoi c'est toujours les pauvres qui crucifient le Christ ; les riches ne font que passer et regarder, ils ne se mêlent pas de ces choses-là. Eux, ils sont toujours bien avec le bon Dieu, c'est pour ça qu'ils se la coulent douce…

Quand on a commencé à traverser les champs de bataille, c'est encore les pauvres qu'on a vus s'entre-tuer. Yorghis jouait de sa lyre, moi je faisais des petits boulots à gauche et à droite, on se débrouillait pour gagner notre croûte. Pourtant, la guerre était bel et bien là, on l'a compris en voyant la terre calcinée par les bombes et parsemée de cadavres, sans personne pour les ramasser…

Un jour, ils nous ont pris pour des déserteurs et ils nous ont arrêtés. Mais quand ils ont vu que Yorghis était aveugle et que mes papiers étaient en règle, alors ils nous ont donné une grande charrette pour trimbaler les morts. On avait à manger, on dormait au campement. Puis, ils nous ont demandé si on voulait bien rester avec eux comme croque-morts ; ils avaient confiance en nous, et ça leur plaisait d'entendre Yorghis qui prenait de temps à autre sa petite lyre et leur chantait des chansons. Comme ça ils oubliaient la guerre, et nous, les cadavres… »

Le plus souvent, ils travaillaient la nuit. Deux ou trois soldats les accompagnaient un bout de chemin pour leur éviter de tomber sur les positions ennemies, puis les abandonnaient à leur sort. La plupart des cadavres, ils les trouvaient à la suite des embuscades, à proximité de sources ou de dépôts de munitions. Là, on ne tirait pas de coups de feu, on ne menait pas de bataille en règle, les soldats s'égorgeaient en silence, dans le noir, le visage barbouillé de suie. Rien que la baïonnette et le couteau. Aussi, pas de temps à perdre pour ramasser les camarades morts ou blessés. Les corps gisaient dans la poussière, ils empestaient, les blessés pourrissaient vivants avant de pourrir morts. Dans cette guerre on essayait pour la première fois de nouveaux engins, de nouveaux systèmes, mais la mort travaillait comme toujours avec ses éternels acolytes : les vers de la terre.

Devant, attelé à la charrette, marchait Vanguélis qui avait des yeux pour voir. Yorghis suivait, se tenant à la ridelle. Pour avancer sans faire de bruit, ils entouraient les roues de chiffons. Ils en gardaient d'autres dans la charrette, pour envelopper les cadavres trop déchiquetés. Ils ne faisaient là que suivre les consignes des officiers : les soldats ne devaient pas voir leurs camarades en bouillie, pour ne pas perdre le moral. Les deux croque-morts se rendaient à l'ouvrage sans armes ; ils n'avaient qu'à se baisser pour choisir : des couteaux venus de tous les coins de la terre, bien affûtés, des baïonnettes aux dents de scie, qui arrachaient les boyaux du ventre de l'ennemi.

Une nuit, Vanguélis en ramassa une qui lui semblait neuve et n'était pas encore tachée de sang ; il l'examina à la clarté de la lune, puis glissa le manche dans la main de l'aveugle :

— Elle te plaît, Yorghis ? demanda-t-il.

L'aveugle serra l'arme, en éprouva du doigt le tranchant, sans rien dire.

— Dis-moi, reprit Vanguélis, tu as déjà tué un homme ?

— Je n'ai pas eu le temps, murmura Yorghis. Dieu m'a pris la vue, je n'ai pas eu le temps... Mais il m'a donné une lyre. Dans ce monde, Dieu met toujours quelque chose dans les mains de l'homme, un couteau pour l'un, une lyre pour l'autre...

Depuis ce soir-là, la lyre et l'arme se retrouvèrent côte à côte au fond de la besace. Parfois, quand Yorghis fouillait dedans pour trouver quelque chose, l'acier de la baïonnette touchait les cordes de la lyre et l'instrument poussait un sanglot étouffé, comme un bébé soudain blessé par une épingle de nourrice qui s'ouvre et transperce ses langes.

Une nuit sans lune, ils chargeaient leur charrette près d'un moulin. Le travail était difficile et plus dangereux que d'habitude, car l'endroit était presque sur les lignes ennemies et le moulin dans un passage. Au début, ils avaient refusé d'y aller, mais les soldats les avaient suppliés à l'insu de leurs supérieurs.

Une de leurs patrouilles était tombée dans une embuscade. Un sergent qui avait réussi à revenir en traversant les lignes ennemies affirmait que seulement trois ou quatre de ses camarades avaient été tués. Les autres étaient gravement blessés, ils attendaient des secours. Qui pouvait bien y aller ? Pour ce genre de boulot il n'y avait pas d'hommes, et les ordres étaient très clairs : ceux qui se faisaient tuer ou parvenaient à regagner leur base avaient déjà bien de la chance. Les blessés, on les abandonnait, ils n'avaient qu'à fermer les yeux pour ne pas voir les vautours qui rôdaient autour d'eux et les guettaient…

La recherche des survivants retardait les deux amis. Ils mirent d'abord dans la charrette une couche de morts, pour pouvoir par-dessus installer les blessés un peu plus confortablement. Yorghis attendait à côté de la charrette, à l'écoute des mouvements de Vanguélis qui triait plus loin ses cadavres. Soudain, l'oreille de l'aveugle surprit des bruits étranges venant du côté des tranchées ennemies. D'abord lointains, ils se rapprochaient de plus en plus. Yorghis comprit que cette nuit-là, les autres avaient aussi envoyé leurs croque-morts. « A la seule différence qu'ils ne sont pas aveugles comme moi, et si je reste planté là comme un piquet, ils vont me voir et je suis foutu », se dit-il. En espérant que Vanguélis avait lui aussi entendu les bruits suspects, il se coucha en vitesse dans la charrette, sur les cadavres, ses doigts saisirent le premier couteau qu'ils trouvèrent au ceinturon d'un mort.

Que ferait-il s'ils le voyaient, s'ils le repéraient ? Il ne savait pas, il était incapable de réfléchir. Il sentait seulement ses doigts se crisper sur le manche du couteau, son sang circuler dans ses veines, bondir d'un bout à l'autre de son corps.

Les pas étouffés ne cessaient de se rapprocher. Soudain, Yorghis se souvint de ce qu'il avait dit à Vanguélis : « Dieu m'a pris la vue et je n'ai pas eu le temps de tuer. » Il en était sûr maintenant, tout à fait sûr ; il n'avait pas eu le temps, il n'avait pas assez regardé autour de lui comme ceux qui l'encerclaient à présent. Il était trop tard, il ne pourrait jamais devenir un assassin, Dieu l'avait privé de la vue, il l'avait privé de la haine. Il essaierait pourtant, il ferait son possible, il lui restait la peur en dernier recours.

Comme les ennemis arrivaient près de lui, il eut l'impression de recouvrer la vue. L'espace d'un instant, d'une seconde. Il parvint à distinguer le visage d'une femme qui lui souriait, penchée au-dessus de lui, au bord du gouffre. Il entendit les autres femmes qui manœuvraient le treuil lui crier « vite, Yorghis ! ». Mais tout d'un coup le visage disparut et d'épaisses ténèbres se déversèrent dans le puits. L'aveugle sentit que quelqu'un grimpait sur la charrette, se penchait pour regarder. Il leva brusquement la main, empoigna l'homme par les vêtements, le fit basculer et lui enfonça le couteau dans le ventre.

En entendant le cri de leur camarade, les autres coururent se planquer. A cet instant Vanguélis revenait, portant un cadavre sur le dos. Ils le laissèrent avancer, puis l'un d'eux bondit et l'attaqua par-derrière. Mais l'obscurité compacte de la nuit sans lune l'empêcha de remarquer le fardeau de Vanguélis. Le couteau s'abattit violemment et se planta dans le dos du mort.

« ... Une nuit, on faisait notre boulot, quand une patrouille ennemie nous est tombée dessus. Ce sont les morts, mon gars, qui nous ont tiré d'affaire. Yorghis s'est couché sur les cadavres qu'on avait ramassés, il a fait le mort, et quand ils se sont approchés, il en a poignardé un. Ils se sont jetés sur moi, mais c'est le cadavre que je coltinais qui a reçu le coup de couteau.

Croyant nous avoir liquidés, ils sont partis. Je suis quand même resté un bon moment à terre. Je n'étais pas blessé, mais juste assommé par le coup dans le dos du mort. Si ce type n'avait pas été là, le couteau me serait sorti de l'autre côté... En souvenir de cet homme qui m'avait sauvé la vie, je lui ai pris sa chemise trouée par le coup de couteau. Quand je suis revenu à la maison, ta grand-mère l'a rangée dans un coffre. Et chaque fois qu'elle la sortait, elle me la montrait en disant : “ J'aimerais bien connaître la femme que ce vêtement ferait pleurer autant qu'il me rend heureuse ! ”... »

A la suite de cette mésaventure, on les proposa pour une décoration. Le rapport que le commandant avait envoyé au régiment, et le colonel à l'état-major, disait que deux civils qui accompagnaient les unités de combat en aidant au ramassage des blessés étaient tombés dans une embuscade, qu'ils avaient héroïquement combattu et qu'ils avaient regagné leur base non seulement leur mission accomplie, mais après avoir laissé des ennemis morts sur le champ de bataille. « Tu te rends compte, Yorghis, dit Vanguélis lorsqu'il apprit qu'on allait les décorer, on est allé ramasser les morts, et on a laissé morts derrière nous ceux qui allaient ramasser leurs propres morts... Les vivants n'avaient rien à démêler avec les vivants, ni les morts avec les morts. Que Dieu nous pardonne. » Yorghis ne disait rien, ne répondait pas, il était muet comme la tombe. Depuis qu'ils étaient revenus avec leur chargement habituel et un cadavre ennemi en supplément, le joueur de lyre était resté à l'écart, et de ses yeux éteints les larmes ne cessaient de couler.

A la remise de la décoration, lorsqu'il vit Yorghis traîner les pieds et appuyer la main sur l'épaule de son compagnon, le général s'étonna :

— Comment as-tu fait pour tuer sans voir ? demanda-t-il.

Dans la mémoire de l'aveugle resurgit la peur qu'il avait éprouvée cette nuit-là, les pas de l'ennemi qui s'approchait se remirent à résonner... Il ressentit à nouveau les secousses de la charrette au moment où l'autre grimpait pour regarder à l'intérieur... Alors seulement, il comprit que sa cécité l'avait trompé, comme la vue et la lumière trompent les autres hommes. Il n'avait rien vu, il n'avait rien entendu, aucun visage n'était apparu en réalité à l'orifice du puits... Tout ce qui existait dans ce monde, c'était la nuit, la nuit noire, et quelques pas que l'on entend autour de soi lorsqu'on se terre pour échapper au danger, lorsqu'on se couche sur des morts en retenant son souffle.

— Et vous, mon général, comment pouvez-vous tuer en voyant ? répondit Yorghis.

Il y avait une seule médaille pour les deux décorés et on l'accrocha à la poitrine de l'aveugle. Il la toucha, la parcourut un instant des doigts :

— Dis, Vanguélis, à quoi elle ressemble ? demanda-t-il à son compagnon.

— A une croix, sans être une croix, parce qu'il y a d'autres branches qui poussent de son cœur… C'est la première fois que je vois un truc pareil.

Ils décidèrent de laisser la médaille dans une église. Ils la suspendirent avec les autres ex-voto devant l'icône du Christ.

— Tiens, Seigneur, murmura Yorghis, voilà l'offrande qu'on te fait. Ta propre croix ne nous a pas suffi, alors on en a fabriqué une autre plus perfectionnée, avec des bras supplémentaires, parce qu'au rythme où on crucifie aujourd'hui, il faut faire vite en besogne.

On ne les envoya plus chercher les morts. Les supérieurs voulaient se débarrasser des deux civils, car ils bavardaient trop avec les soldats. A force de leur parler de leur foyer abandonné, de leurs champs en friche, de leur famille dispersée, ils risquaient de leur saper le moral, et même leurs chansons ne racontaient que les malheurs des gens ; voilà qui ne plaisait pas, voilà qui était encore pire, car la chanson passait de bouche en bouche et chacun y ajoutait sa propre tristesse, ses propres tourments.

Un matin, trois sections se préparèrent à lancer une attaque sur une colline où l'ennemi avait disposé ses mortiers et son artillerie et d'où il pilonnait jour et nuit les convois de munitions et les renforts. L'opération était difficile et dangereuse, puisque les unités qui allaient mener l'attaque devaient traverser à découvert un terrain plat et désertique, et sous une pluie d'obus, de mortiers et de balles. L'abattoir pur et simple. Mais il fallait prendre cette colline coûte que coûte, sinon les renforts qu'ils attendaient n'arriveraient jamais et, au premier assaut de l'ennemi, leurs positions s'écrouleraient comme un château de cartes.

— Tout ça, c'est comme si on te disait : tu préfères te faire bousiller aujourd'hui ou dans quelques jours ? lança un soldat, tandis qu'ils se préparaient.

On le dénonça, on l'arrêta, et sans plus de formalités on le plaça devant le peloton d'exécution. Pour l'exemple. Blottis devant la tente qu'on leur avait donnée, silencieux, les deux compagnons suivaient les préparatifs.

— Ils lui bandent les yeux, le pauvre, dit Vanguélis. Sans doute pour lui éviter de voir la lumière qu'il laisse derrière lui.

— Non, c'est pour qu'il s'habitue dès maintenant à l'obscurité qui l'attend, répondit l'aveugle.

La salve retentit. Le soldat ne tomba pas, on l'avait attaché à un arbre. Seule sa tête s'inclina sur sa poitrine, tandis qu'au-dessus de lui tombaient en pluie des feuilles vertes : ne voulant pas le toucher, la plupart des hommes du peloton avaient visé les branches de l'arbre. Un seul, deux peut-être, avaient dû lui tirer dessus. Mais pour un cœur, une balle suffisait.

Après l'exécution les soldats coururent se ranger. Muets, soumis, évitant de se regarder, comme des enfants effrayés par la semonce de leurs parents, ils écoutèrent les officiers leur expliquer les ordres et ils se mirent en route.

— Ils y vont, Vanguélis ? demanda l'aveugle.

Ils y vont, Yorghis.

— Et nous ?

— Nous... tu sais bien, nous irons après.

S'apercevant que les hommes allaient passer devant leur tente, Vanguélis s'empressa de recouvrir d'une toile la charrette garée tout à côté.

« … Ils nous ont décorés parce qu'on avait dans la charrette, avec nos propres morts, le cadavre d'un ennemi. Mais après la décoration ils voulaient nous chasser. Tu vois, on en était arrivé au même point que les vautours : ils débarrassent la terre des charognes, mais les gens n'aiment pas les avoir chez eux…

Un jour, un soldat a refusé d'aller se battre. Ils ont sauté sur l'occasion. Ils l'ont attaché à un arbre et l'ont fusillé. Ils ont dit ensuite que c'était de notre faute, qu'on leur tournait la tête avec nos chansons. Eux, ils leur apprenaient d'autres chansons. Elles disaient pourtant les mêmes choses, elles parlaient de la maison, de la famille, mais quand ils les entendaient, les soldats allaient se battre, tandis qu'avec les nôtres ils ne voulaient pas y aller.

Ils nous ont dit de remballer et de partir. On a pris la charrette avec nous. Et c'est avec elle qu'on a fait le tour du monde…

Parfois on se disait : “ Comment va-t-on trouver nos maisons au retour ? Dans quel état sera la terre ? Et les femmes, comment font-elles toutes seules pour nourrir les familles, élever les gosses, et dormir seules la nuit ? ” Alors, quand on pensait aux femmes et au village, on faisait demi-tour vers le sud et on prenait le chemin du retour. Et puis tout s'envolait, maisons, femmes, enfants, on s'arrêtait tout à coup au milieu de la route et on se disait : “ Mais où est-ce qu'on va ? ” Et comme ni l'un ni l'autre ne le savait, on refaisait demi-tour avec la charrette et on revenait près de la guerre.

Un soir, j'entends Yorghis qui me dit : “ J'ai beau essayer de me souvenir pourquoi nous avons quitté le village, je n'y arrive pas. Toi, tu te souviens, Vanguélis ? ” Moi non plus je ne me souvenais pas…

Quelque temps plus tard j'ai rencontré mes fils par hasard. Ils allaient bien, parce que je les ai vus debout, je les ai vus marcher. Mais je n'ai pas réussi à leur parler. On s'est fait signe, comme ça, de loin… »

Tandis qu'ils marchaient, tirant toujours leur charrette, il se tourna vers Yorghis et lui dit :

— J'ai vu mes fils.

Rien d'autre. Et ils gardèrent le silence un long moment. Dans l'autre sens venaient de lents convois harassés, les hommes traînaient leurs brodequins éventrés, un nuage de poussière s'élevait, s'engouffrait dans les yeux des soldats, leurs oreilles, leur bouche. Vanguélis se souvint de l'arbre que le seigneur lui avait fait couper, jadis, dans la cour de Sophia. Il avait scié branches et ramilles, le corps du cyprès gisait de tout son long, truffé de coins et de coups de hache, massif, interminable. Pour le sortir sur la route, il l'avait attaché avec des cordes et attelé à deux puissants chevaux. L'arbre se traînait dans la poussière, et le tronc traçait un sillon sur le sol, comme les pieds nus d'un soldat mort que l'on traîne par les bras.

L'endroit se vida. La poussière retomba sur la terre. Là-bas, au bout du chemin, les soldats disparaissaient peu à peu derrière des maisons en ruine. Au lointain, sous le soleil qui déclinait à cette heure, un casque étincela. Puis, plus rien. Vanguélis s'arrêta :

— Où est-ce qu'on va dormir ce soir ? murmura-t-il.

Il regarda les ruines qui avaient absorbé la colonne en marche. Ils s'arrêteraient bien quelque part eux aussi pour la nuit. Ces maisons écroulées offraient le meilleur abri, le plus sûr, les obus ne tombaient jamais sur les ruines.

— Allons par là-bas, ajouta-t-il.

Comme il tournait la charrette, l'image du cyprès lui revint en mémoire. L'arbre avait passé la nuit au milieu de la route. Il fallait attendre jusqu'au lendemain. Au petit jour, Vanguélis reprendrait sa hache. S'il travaillait la nuit, il risquait de se donner un coup… Combien d'années s'étaient écoulées depuis ? Dans la cour du seigneur les racines du cyprès avaient dû pourrir lentement, ce qui restait de l'arbre devait saillir de la terre comme le dos d'une bête crevée. Les enfants avaient grandi, les filles étaient devenues des bonnes, les garçons étaient à la guerre, ils se couchaient maintenant dans les décombres, à même le sol, ils se couchaient et attendaient, comme l'arbre coupé, les premières lueurs du jour.

Lorsqu'ils atteignirent les ruines, la nuit était tombée pour de bon et ils ne voyaient rien. La colonne était dispersée çà et là, les hommes se reposaient. Les sentinelles les laissèrent passer et leur montrèrent un officier qui dormait dans un coin, lové comme un fœtus. Vanguélis et l'aveugle s'installèrent à côté de lui et attendirent. Ils l'interrogeraient à son réveil, dès qu'il ferait jour. Ils l'entendaient gémir dans son sommeil, ses mains se dressaient vers le ciel obscur, comme si elles voulaient s'agripper à d'invisibles branches, puis retombaient dans la poussière telles des loques inutiles. Un peu plus loin, un soldat délirait. Son voisin le secoua brusquement, l'autre se réveilla, mais replongea aussitôt dans le sommeil et se remit à délirer.

Ils s'éveillèrent avec le branle-bas du départ. Il faisait encore nuit, ils ne voyaient toujours rien à l'entour, ne distinguaient pas de visage, ils ne discernaient que des ombres mouvantes qui se pressaient. La colonne devait partir avant l'aube, avant le lever du soleil. C'étaient les ordres. De nuit en nuit, de cachette en cachette, traqués de toutes parts — car dans cette guerre l'ennemi avait même surgi dans le ciel —, les soldats s'engouffraient dans les trous de la terre, comme les lièvres qui sentent au-dessus d'eux s'abattre les griffes de l'aigle.

L'officier écouta les noms que Vanguélis lui cita, il haussa les épaules.

— Connais pas. Il en vient tous les jours de nouveaux.

— Ce sont mes enfants.

— Ils sont tous les enfants de quelqu'un.

— Je les ai vus sur la route hier soir...

Les hommes avaient endossé leur sac, repris leurs armes ; ils s'en allèrent. Vanguélis courut à la tête de la colonne pour regarder de près les soldats qui défilaient. Mais tous étaient casqués, tous portaient le même sac, les mêmes armes, le même chargement. Vanguélis perdit espoir, ses yeux s'embuèrent de larmes, il voulut crier, appeler ses enfants, mais sa voix s'étrangla au fond de sa gorge. Il n'avait jamais vu d'hommes aussi parfaitement identiques.

VIII

Lentement, timidement, avec précaution, les morts sortent à moitié des tranchées leurs visages jaunâtres et glacés, ils regardent en face. Mais de là aussi d'autres cadavres, des cadavres ennemis, leur répondent avec les mêmes mouvements saccadés, des casques miroitent sous le soleil levant, puis disparaissent à nouveau dans les profondeurs de la terre. Çà et là, un front livide tressaille : venue d'en face, la balle ouvre un trou, fait éclater l'os, mais figé depuis des heures, le sang ne coule pas. Le combat des morts se prolonge, monotone, sans surprise, sans imprévu, il manque d'imagination ; seuls les vivants savent s'entre-tuer en beauté. Mais ils sont tous planqués au fond de la tranchée, ils soulèvent par les pieds les camarades tués et leur actionnent les membres comme si c'était des marionnettes. Pourtant, personne n'est dupe, personne ne réussit à toucher un ennemi vivant. Les morts de la bataille précédente continuent seuls à encaisser les balles. Dominés par une rage étrange, les soldats les visent avec obstination, poussent des cris de triomphe chaque fois qu'ils voient le casque d'un cadavre sauter en l'air, ses cheveux et son crâne découvert offrir une meilleure cible.

Sur la petite colline où ils ont passé la nuit, Vanguélis et son compagnon aveugle s'efforcent de comprendre. Yorghis entend les coups de feu, sent les fumées qui montent de la plaine. Sous les mortiers et les obus qui tombaient pendant la bataille, pas mal d'arbres ont pris feu et se consument lentement.

— Dis-moi, Vanguélis, qu'est-ce que tu vois ?

— Des tranchées. C'est là qu'a dû se passer la boucherie qu'on a entendue toute la nuit.

— Comment est-ce qu'on va traverser ?

— Je vois un sentier.

— Si tu le vois, ils le verront eux aussi et ils vont nous canarder. On ferait pas mieux de laisser la charrette pour aller plus vite ?

— S'ils nous tirent dessus, on s'en servira comme bouclier.

Ils coupent les branches et en chargent la charrette pour avoir l'air de paysans. Tandis qu'ils descendent par le sentier, seuls les morts tournent leurs visages exsangues et regardent par les tranchées. Les vivants n'y font même pas attention. Ils savent que les paysans, guerre ou pas guerre, n'ont pas cessé de travailler leur terre. Depuis le premier jour du carnage, ils sèment, moissonnent, creusent le sol, dégagent de ses entrailles des balles, des projectiles, des douilles vides. Parfois, un arbuste, un pied de tomate ou de vigne grandit tout à coup, se développe, fleurit, donne des fruits bien avant toutes les autres plantes du champ. Alors, les paysans vont fouiller près des racines. Ils y découvrent le cadavre d'un soldat qui se décompose lentement et nourrit à cet endroit la terre épuisée ; souvent il ne reste plus que des os qui s'effritent peu à peu sous les pluies et les soleils, et engraissent le sol.

La contrée est pauvre, elle ne donne pas de répit à l'homme ; comme une femme habituée aux caresses de son amant, la terre est impatiente, elle ne peut, ne veut pas attendre. En descendant de la colline, Vanguélis voit les champs qui se déploient à l'entour, les arbres, les blés, l'herbe tendre toute heureuse de pousser dans les recoins perdus et oubliés, et son esprit vole vers Sophia. La peur, la fatigue, les casques des morts qui jaillissent des tranchées et reflètent le soleil n'entravent pas sa mémoire... Soudain, le beau corps d'une femme vient s'étendre au milieu de la campagne, là où toute la nuit passée, dans une mêlée sauvage et frénétique, se sont livré bataille des hommes venus des quatre coins du monde. Comme si elle savait que personne ne la remarque, que personne ne la voit... Comme si elle était sûre que même si tous ces combattants l'apercevaient, leurs yeux resteraient aussi glacés, aussi indifférents que ceux des morts qui l'observent de toutes parts, mais dont la poitrine n'exhale plus le souffle du désir...

Vanguélis se souvient d'un tas d'histoires que lui ont racontées les anciens du village. Souvent, les visions ne sont pas des visions, et dans les moments difficiles, perfides, les femmes qui apparaissent soudain pour enjôler les hommes sont bien réelles, en chair et en os. Qui est capable, qui parvient à en profiter, qui oublie un instant l'obsession de la fin du voyage, apprendra d'un seul coup tous les secrets du monde. Car elles seules les détiennent, elles les dissimulent au creux de seins tendres et parfumés, et bienheureux celui qui tendra la main pour les recueillir...

Au milieu de la campagne la femme disparaît, réapparaît, et plus les voyageurs approchent des tranchées, plus le vain jeu agressif des morts redouble d'intensité. Et voilà que les vivants entrent en danse, ils se débarrassent des cadavres comme d'inutiles outils et engagent le combat. Courbés derrière la charrette qu'ils poussent, Yorghis et Vanguélis accélèrent le pas, courent pour atteindre l'autre côté de la vallée, échapper aux balles. Tandis qu'ils passent tout près de l'endroit où vient de s'allonger la femme, Vanguélis se retourne et regarde ; il ne voit sur la terre qu'un petit creux doucement incurvé. Un peu d'eau s'y est déposée, et la flaque, immobile, reflète chaque nuage qui traverse au-dessus d'elle la voûte céleste...

« ... Un jour, on a décidé de filer droit vers le sud pour revenir au pays. On faisait bien attention à ne pas se perdre en route, mais la guerre s'était propagée partout et ce n'était pas facile...

On a cru un moment qu'on était presque arrivés : à cet endroit il n'y avait pas de guerre, et les gens n'avaient même pas entendu parler de ce qui se passait ailleurs. On avait dormi dans la charrette. Quand on s'est réveillés, il faisait jour, et qu'est-ce qu'on voit autour de nous ? Une troupe de femmes et d'enfants qui nous regardaient bouche bée comme des bêtes curieuses. On était crasseux, déguenillés, avec une barbe jusqu'aux genoux, grouillante de poux, on avait honte. Et puis on s'est rendu compte qu'on s'était trompés : on ne connaissait personne, personne ne nous connaissait, on n'était pas chez nous…

En voyant notre mine de chiens perdus, ils nous ont recueillis, dorlotés, donné à boire et à manger, changé nos vêtements. Ils étaient tellement aux petits soins, que je me tourne vers Yorghis et lui dis : " Yorghis, on a dû mourir sans s'en apercevoir. On est au paradis, ça m'en a tout l'air. "

Ensuite, ils se sont mis à nous poser un tas de questions sur le pays, la famille, les enfants, mais nous on ne comprenait pas comment ils pouvaient ne pas avoir entendu parler de la guerre qui avait ravagé le monde d'un bout à l'autre… »

Vanguélis s'était sûrement trompé : souvent, la fatigue et la soif viennent harceler de mille visions l'œil du traîne-misère. Tout en poussant la charrette de toutes ses forces pour traverser au plus vite le champ de bataille, pour échapper aux rafales, il se retournait sans cesse et regardait derrière lui. Il ne la revit pas. Des années plus tard, lorsqu'on lui demandait de raconter cette histoire, il le faisait toujours de la même manière, sans omettre ni ajouter le moindre détail. Et chaque fois il terminait son récit par la même phrase : « C'est cette femme qui nous a sauvés, elle nous a montré le chemin. »

De quelle femme voulait-il parler ? Dans sa mémoire s'étaient agglutinés et bourdonnaient comme un essaim d'abeilles un tas d'événements, une multitude de saisons et d'années. A propos de la Grande Guerre, il disait : « Elle n'a jamais pris fin. » Il est vrai que deux autres se succédèrent aussitôt après. Tourments et malheurs se superposaient sans trêve dans le souvenir des hommes et personne ne distinguait plus où s'arrêtaient les uns et où commençaient les autres. Dans les cimetières, on gravait en même temps sur les pierres tombales le nom d'un père, de son fils et de son petit-fils, disparus dans la même guerre, et lorsque le passage du temps effaçait les dates, personne ne pouvait savoir qui avait engendré qui, ni rétablir l'ordre des époques et des événements.

Les renseignements les plus importants concernant la longue aventure du retour, on les trouve en lisant le papier que les autorités militaires délivrèrent à Yorghis et à Vanguélis quand ils se mirent à cheminer vers le sud. Il s'agit d'une « feuille de route spéciale » qui certifie que les deux hommes ne sont pas des déserteurs, et fait état des services rendus, des déplacements d'une unité à l'autre, ainsi que de la décoration décernée par l'armée pour l'héroïsme dont ils avaient fait preuve « lors de la collecte des morts ». Mais ce sont les dates qui offrent le plus grand intérêt. Les deux compagnons avaient dû à plusieurs reprises présenter leur feuille de route aux autorités militaires pour la faire valider. C'est ainsi que nous connaissons parfaitement leurs étapes successives, depuis le jour où ils décidèrent de prendre la route du retour. Ce document nous apprend également que jusqu'à leur arrivée chez eux il s'écoula deux années entières !...

Vanguélis n'expliqua jamais cet étrange retard. Il se contentait de dire qu'« ils s'étaient souvent perdus en chemin » et qu'il leur était arrivé plusieurs fois d'être « recueillis par des gens compatissants ». Cette femme qui les sauva en leur indiquant le chemin du retour, ne serait-elle pas tout simplement l'un de ces « gens compatissants » ? Toujours est-il que cette rencontre avait dû se produire au moment où les deux compagnons d'infortune ne se trouvaient plus très loin de chez eux. Ici le mystère s'épaissit : comment peut-on se perdre si facilement dans la région même où l'on a passé la plus grande partie de sa vie ?

« … C'étaient de drôles de gens, tu sais. Ils ne s'en faisaient pas pour un sou. Des fêtes, des gueuletons, tu aurais vu ça… Ils ne pensaient à rien d'autre. Mais ils n'avaient pas besoin de se tracasser, leur terre était riche, leurs champs regorgeaient de tout, tu pouvais même y planter des bâtons de chaise, ça poussait. Alors que chez nous il nous fallait dix arpents de blé, un seul leur suffisait à eux pour remplir à ras bords leurs greniers et leurs jarres.

Pour arroser, ils ne faisaient pas comme nous des processions à tout bout de champ pour qu'il pleuve ; il y avait partout des sources, l'eau coulait à flots, et leurs puisatiers ne se donnaient pas un mal de chien comme Yorghis. Ils creusaient quelques mètres et l'eau jaillissait toute seule.

Yorghis et moi, on leur racontait tout ce qu'on endurait chez nous ; ils avaient pitié et nous apprenaient un tas de choses pour mieux cultiver notre terre. Ils nous disaient qu'un jour ils viendraient au pays nous aider, mais on ne les a jamais vus. C'est comme ça la vie, mon gars… Il n'y a que le pauvre qui aide le pauvre. Le riche ne vient que pour lui prendre le peu qu'il possède… Enfin, ces gens-là nous ont bien reçus, ils nous ont offert l'hospitalité, et tout ce qu'ils nous ont appris on ne l'a jamais oublié. Aujourd'hui encore je m'en souviens très bien. Si tu étais comme moi un paysan, si tu avais des champs à labourer, je te l'apprendrais à toi aussi… »

Où pouvait donc se situer cet endroit ?

Une première hypothèse est possible : Vanguélis aurait traversé la plaine de Thessalie. Là-bas seulement les villages sont aussi riches, les champs aussi fertiles et l'eau aussi abondante. Dans cette région, aujourd'hui comme hier, la terre produit dix fois plus que dans tout le reste du pays. Cependant, si l'on examine attentivement la description que Vanguélis faisait des vignobles et des champs de blé qu'il avait vus, si l'on analyse les renseignements qu'il donnait sur les méthodes de culture, on aboutit à une conclusion certaine : l'endroit qu'avaient découvert les deux compagnons ne pouvait pas se trouver en Thessalie.

Il y a encore un détail :

Des années plus tard, chaque fois que Vanguélis et Yorghis se retrouvaient dans des fêtes, des foires, des mariages, ils se remémoraient les chansons qu'ils avaient entendues pour la première fois dans ce pays inconnu où, selon leur témoignage, tout était prétexte à réjouissances. Ces chansons aux mélodies étranges, lentes, lydiennes, n'étaient pas connues en Grèce, du moins jusqu'à la première guerre mondiale, c'est-à-dire à l'époque où les deux compagnons d'errance faisaient les croque-morts pour le compte de l'armée.

Mais la situation changea peu à peu à partir de 1922, après l'installation des premiers réfugiés d'Asie Mineure, chassés par les Turcs, poursuivis par les affres de la guerre qui s'était abattue sur leur pays. Disséminés un peu partout, ils se jetèrent à corps perdu dans le travail, s'acharnant nuit et jour sur la terre qu'on leur avait distribuée, stérile, âpre, ingrate. Au bout de quelques années, là où jadis régnaient le désert, la caillasse, l'aridité, s'épanouirent des jardins verdoyants, des arbres couverts de fruits, aux branches si touffues qu'elles s'entrelaçaient en un feuillage impénétrable. A force de ténacité, avec une expérience séculaire et le chagrin de la terre perdue qui leur rongeait les entrailles, les déracinés avaient transformé les champs secs et pierreux qu'on leur avait donnés en véritables paradis.

On peut donc envisager deux éventualités : ou bien, au soir de sa vie, Vanguélis commençait à mélanger les faits et les temps, ou bien — pour des raisons inconnues — il avait voyagé avec son compagnon dans de lointaines contrées, en Asie Mineure, peut-être même plus loin, jusque dans le Caucase !...

« … Les premiers temps, on ne voulait pas partir. Puis ce sont eux qui n'ont pas voulu nous laisser. Ils nous avaient installés dans une belle maison à deux étages, avec des cours et des arrière-cours, des jardins, des arbres, des treilles, à te faire tourner la tête. Le maître des lieux devait être un grand seigneur, car tout le monde lui faisait des salamalecs, lui demandait conseil, se prosternait devant lui comme devant un roi. On n'avait jamais vu pareille chose chez nous… Chaque fois qu'on décidait de s'en aller, de rentrer au village, voilà que la fille du seigneur arrivait. Elle était très belle, une vraie princesse, et c'est toujours moi qu'elle venait trouver, parce que moi j'avais des yeux pour voir sa beauté, et j'en oubliais tout, maison, femme, enfants, tout…

Elle venait donc et me disait : “ Tu veux partir ? Tu n'as pas eu ton compte de tourments pour arriver jusqu'ici ? ” Et je lui répondais qu'on n'avait pas encore fini d'en voir, et que c'était de notre faute : avant même de nous mettre en route, on avait crucifié le Christ, et le mauvais sort nous poursuivait. Elle rigolait, se moquait de moi, me prenait par la main et me conduisait à la fenêtre pour me montrer les hommes qui travaillaient dans les champs. “ Tu n'es pas le seul, disait-elle, tous ceux-là ont eu chacun leur Christ à crucifier. ”

Mais c'était mon Christ à moi qui m'intéressait, pas les autres… J'avais beau lui dire de me laisser partir, retourner chez moi, elle me tirait de la fenêtre et me poussait au lit. Et au lit, tu peux me croire, l'homme oublie tous les Christ du monde, les siens comme les autres… »

Jusque dans sa vieillesse, chaque fois qu'il évoquait cette histoire, Vanguélis disait : « On peut se perdre d'une nuit à l'autre, ne plus savoir où l'on se trouve ni où l'on veut aller. » Et quand on lui demandait comment il avait fait pour s'en tirer, pour retrouver son chemin, les yeux du vieil homme s'assombrissaient, il hochait la tête et soupirait, pensif : « Dieu seul le sait... Ce n'était pas facile, j'étais tout seul, Yorghis n'avait plus ses yeux pour voir », murmurait-il.

Pourtant, ce matin-là, il avait pour la première fois de sa vie maudit le jour où Dieu lui avait donné la vue — c'est ainsi qu'il pouvait voir la lumière de l'aube s'élever, grimper le long des murs de la maison, s'accrocher doucement au rebord de la fenêtre ouverte, se répandre dans la chambre comme une huile transparente, inonder les draps, faire briller les corps dénudés. Lorsqu'il avait pris sa décision, il faisait encore nuit, mais il fallait attendre le lever du jour pour ne pas éveiller de soupçons si on les voyait avec la charrette s'éloigner à travers champs.

Il n'y avait pas d'autre solution, il se l'était répété mille fois dans le noir. Il avait calculé tous ses gestes l'un après l'autre. Mais dès que la lumière s'étendit sur lui, sur elle, lorsqu'il vit sur l'oreiller le creux qu'avait laissé sa tête à côté d'elle, il hésita. Pour se donner du courage, il effaça l'empreinte, puis il brandit la masse duveteuse. Soudain, il s'arrêta, voulut réveiller la femme, lui dire : « Laisse-moi partir », mais elle s'étirerait avec nonchalance, elle lui demanderait : « Pour aller où ? » Alors, il aurait les mains paralysées, comme le jour où, ne pouvant plus supporter l'oisiveté, il avait pris un cheval et une charrue et s'était mis à labourer le premier champ qu'il trouva devant lui. Pendant qu'il travaillait, l'animal tournait la tête, le regardait, stupéfait de voir cet homme gaspiller sa force et sa sueur ; la terre était clémente, tendre comme de la mie de pain, la charrue avançait, glissait doucement dans ses entrailles, comme la chair de l'homme dans le corps d'une femme aimée. Vanguélis laboura un instant, puis abandonna cheval et charrue et dit à Yorghis : « Allons-nous-en, ici personne n'a besoin de nous. »

Il rabattit violemment l'oreiller sur le visage de la femme. Elle tressaillit, tenta de se libérer, mais Vanguélis se jeta sur elle, lui coinça les genoux entre les siens, la retint sur le dos jusqu'aux premiers signes d'étouffement.

Quand il vit que le corps n'opposait plus de résistance, s'immobilisait, il fit l'erreur de relâcher un peu la pression de ses membres. La femme en profita pour dégager ses genoux, écarter les jambes, les serrer autour des reins de l'homme. Pris au piège, Vanguélis eut peur ; il appuya de toutes ses forces sur l'oreiller, mais c'était trop tard : le souffle coupé, sur le point d'étouffer, la femme remua les hanches, se mit à exciter la chair dc Vanguélis, à la dompter, à la soumettre... Dépité, l'homme jeta l'oreiller, son visage toucha celui qu'il avait commencé à meurtrir. La femme le cloua sur elle, il lui suffit de quelques mouvements pour le vaincre, puis elle le rejeta comme un sac vide.

Humilié, lové à l'autre bout du lit, Vanguélis attendait la vengeance. Le soleil inondait maintenant toute la chambre, s'infiltrait dans les cheveux défaits de la femme qui tendait la main, caressait doucement la lumière, comme si c'était la seule chose qui l'effrayait dans ce monde et qu'elle voulait apprivoiser sous ses caresses. Sans même jeter un rapide regard du côté de Vanguélis, elle se leva et se dirigea vers la fenêtre ouverte. Dans un coin du jardin, elle aperçut Yorghis qui attendait près de la charrette, l'oreille tendue vers la maison. La femme sourit et ferma les persiennes.

Tard dans la nuit, retentirent dans les caves de la maison, des rires, de la musique et des tambours qui faisaient vibrer les fondations, comme si tous les démons s'étaient donné rendez-vous au fond de la terre pour faire ripaille. Yorghis arrêta une jeune servante qui passait et lui demanda qui donnait cette fête et en quel honneur. La jeune fille tira l'aveugle à l'écart :

— C'est ma maîtresse qui fait la bringue avec les diables, ricana-t-elle.

— Quels diables ?

— Ceux qu'elle a en elle et ceux qu'elle ramasse sur la route. Mais dis-moi, ton ami, il a un foyer, une famille ?

Yorghis baissa la tête.

— Tu peux lui dire de mettre une croix dessus, se moqua la servante. Et fais-en autant, si c'est ton cas.

— Moi je n'ai personne, je suis seul au monde.

— Tant mieux. Seul et aveugle, Dieu t'a vraiment gâté, toi.

— C'est pas drôle d'être aveugle, soupira Yorghis.

— Que tu dis ! Viens avec moi et tu changeras peut-être d'avis.

Elle le prit par la main pour le guider. Yorghis sentit près de lui le corps en sueur de la servante, sa peau qui exhalait une odeur de jasmin et de chair excitée, mais l'aveugle pensait à sa charrette qu'il avait laissée dans le jardin :

— Ils vont me la prendre, s'écria-t-il.

— Te la prendre ? Mais qui ça, mon pauvre ? s'esclaffa la servante. Et pour quoi faire ? Sans charrette on va encore plus loin.

Ils descendirent dans le sous-sol de la maison, pénétrèrent dans une grande salle où la fête battait son plein ; des servantes partout, des musiciens avec des lyres et des tambourins, et des torrents de vin. En feu, rouge comme une écrevisse, Vanguélis mangeait et buvait, festoyait avec la fille de la demeure, se levait pour danser, s'écroulait de fatigue et d'ivresse, mais les servantes le ramassaient, le remettaient debout. Surpris de voir son compagnon, il fit un effort pour se ressaisir, mais on s'empressa de lui glisser un verre de vin et un morceau de viande dans les mains, et il retomba dans la ripaille.

La jeune servante offrit à boire au nouveau convive, puis l'installa sur un divan garni de gros coussins moelleux :

— Viens voir comme c'est bien d'être aveugle, lui dit-elle.

Une vieille femme desséchée, laide comme une sorcière, vint s'allonger près de lui ; elle respirait bruyamment et son haleine empestait le vin. Yorghis eut un mouvement de recul, mais la servante le retint, lui versa encore à boire, le laissa plonger lentement dans les bras de la vieille toute émoustillée, se livrer, s'abandonner à ses caresses.

Soudain, on entendit des cris perçants, des femmes qui appelaient au secours : déchaîné, l'œil troublé par le vin, une hache à la main, Vanguélis avait défoncé la porte, s'était rué dans les couloirs de la maison et courait en hurlant comme un forcené. Il cognait, frappait de tous côtés, fracassait tout sur son passage, soufflant comme un taureau furieux.

Trébuchant, les brumes de l'alcool ajoutées à sa nuit d'aveugle, Yorghis lâcha la vieille pour rattraper son compagnon, guidé par les cris, les hurlements, les coups de hache. Arrivé dans le jardin, il agrippa le bras de la première servante qu'il rencontra :

— Où est-il ? Qu'est-ce qu'il fait ? demanda-t-il.

— Il court vers la charrette.

— Vite, conduis-moi, supplia-t-il.

Ils trouvèrent Vanguélis torse nu, la lourde hache toujours en main, frappant avec frénésie sur la charrette, décidé à la mettre en pièces. Chaque fois qu'il parvenait à enfoncer dans le bois la lame d'acier, il poussait un grognement de joie, crachait dans ses mains et recommençait.

Au risque de recevoir un coup, Yorghis tendit les bras pour retenir son ami :

— Arrête, monstre ! cria-t-il.

Vanguélis n'entendit même pas, il repoussa brutalement l'aveugle et se jeta de nouveau sur la charrette avec encore plus de rage. Soudain, Yorghis se souvint de sa petite compagne, la lyre, restée avec leurs quelques hardes au fond de la charrette :

— Vanguélis, hurla-t-il, ma lyre !

Un violent coup de hache s'abattit au même instant tout près de l'instrument, faisant jaillir un son étrange, plaintif, pareil au sanglot d'un enfant. Vanguélis s'arrêta net, comme harponné par une main gigantesque, la hache lui échappa, il s'appuya contre la charrette et se mit à pleurer.

« … Voilà ce qui nous a décidés pour de bon à quitter cet endroit. Autrement on y serait encore, ou bien on mangerait les pissenlits par la racine, car j'y aurais laissé ma peau, crois-moi, dans le lit de cette sangsue… Mais tout aveugle qu'il était, c'est Yorghis qui m'a ouvert les yeux. “ Vanguélis, m'a-t-il dit, le lit de cette femme est pire que tous les champs de bataille que nous avons traversés. Il est grand temps de sortir des draps soyeux et de se replonger dans la poussière de la route. ”

Alors, je suis allé trouver cette femme et je lui ai dit : “ Aide-nous à réparer la charrette pour partir ; la guerre est finie, tout le monde est rentré, il est temps de rentrer nous aussi. ” Elle nous a aidés, elle a fait réparer la charrette qui avait pris pas mal de coups de hache, et elle nous a montré la route à suivre. Tout en marchant, je me disais : “ Tu as voulu la tuer, et voilà maintenant qu'elle vient te montrer le chemin ! ” Peut-être qu'elle n'avait pas compris que j'avais voulu l'étouffer… Toujours est-il qu'au moment de nous séparer, elle a tiré de son corsage un tissu de soie blanche et elle me l'a donné en disant : “ En souvenir de moi. ” C'était la taie de l'oreiller que je lui avais jeté sur le visage… »

IX

Ils virent de loin les oiseaux décrire des cercles, piquer sur les hauts cyprès verts et s'y agglutiner. A travers l'épais feuillage, leurs ailes battantes reflétaient la teinte pourpre du soleil couchant, et de petits éclairs de sang étincelaient à la cime des arbres paisibles, glissaient, disparaissaient dans l'obscurité des branches. Chaque oiseau trouvait son petit perchoir, plongeait la tête dans sa poitrine duveteuse et s'endormait — le jour finissait, les ombres s'allongeaient sur la terre, s'étiraient comme le paysan fatigué sur son lit.

Les deux voyageurs hésitèrent, s'arrêtèrent un instant, comme s'ils voulaient s'assurer qu'ils n'avaient pas de nouveau perdu leur chemin ; leurs barbes démesurées, poussiéreuses, flottaient dans la brise du crépuscule. Immobiles dans leurs loques, ils n'avaient pas figure humaine, ils ressemblaient à des épouvantails, ils faisaient fuir les corbeaux affamés qui cherchaient leur nourriture dans la pierraille de la route.

La lumière faiblissait, la terre assoiffée se dégageait des griffes du soleil, elle avait encore le souffle coupé, comme une femme qui se remet lentement d'une étreinte amoureuse. Vanguélis regarda au loin les premières maisons blanches du village, le voile poudreux de la journée retombait, les oliviers se détachaient à l'horizon avec leurs feuilles argentées, frémissantes.

— Mon pays ! murmura-t-il. Dieu soit loué de nous avoir ramenés jusqu'ici.

Yorghis s'agenouilla, leva ses yeux éteints vers le soleil qui luisait encore derrière les montagnes, il se pencha et embrassa le sol de la route.

— Attention, dit Vanguélis en plaisantant, de ne pas te fendre le crâne sur une pierre. Elle est dure cette terre, rien à voir avec celle qu'on a connue...

Un peu plus loin, devant sa bicoque délabrée, une vieille femme vêtue de noir, toute courbée, observait les deux hommes.

— Qui êtes-vous, étrangers ? demanda-t-elle.

— Nous venons de la guerre, répondit Vanguélis.

La vieille femme s'approcha, regarda les haillons des étrangers, leurs barbes crasseuses, la poussière et la boue du chemin collées à leur peau en une croûte noirâtre. Lorsqu'elle vit dans la charrette leurs pauvres affaires et la lyre, elle saisit l'instrument d'une main tremblante, l'examina de près et regarda de nouveau les deux hommes :

— Venez, dit-elle soudain en leur montrant la porte de la bicoque.

Elle les fit asseoir sur des tabourets, alla prendre une cruche dans un coin de la pièce, leur offrit de l'eau dans une coupe.

— S'il vit encore, béni soit le jeune homme qui a pu faire sortir l'eau de cette terre, soupira-t-elle. Il a trouvé de l'eau, mais il a perdu la vue.

Yorghis baissa la tête.

— Pardonne-moi, reprit la vieille femme, je ne l'ai pas dit exprès... Je n'ai pas pensé que toi aussi...

— Lui, c'est à la guerre qu'il a perdu la vue, coupa Vanguélis.

— A la guerre ? Ah, oui, vous me l'avez dit, à la guerre... Mais... laquelle ?

— Tu parles comme s'il y en avait eu plein.

— Qui peut mesurer le temps que dure une guerre, mon petit gars...

Elle montra la pauvre jupe noire qu'elle portait :

— Pour moi ça ne finira qu'à ma mort, murmura-t-elle. Trois

enfants j'ai perdus, trois enfants qu'elle m'a pris et qu'elle ne m'a jamais rendus...

— Et les autres hommes du village, qu'est-ce qu'ils sont devenus ? demanda Vanguélis. Il y a eu beaucoup de morts ?

— Non, mon petit, pas beaucoup, mais tous ceux qui ont disparu, ont disparu pour de bon...

La dernière lueur du jour s'infiltrait par la fenêtre ouverte, se répandait dans la pièce, la terre se rafraîchissait, des tintements lointains se firent entendre. Bientôt apparut un cheval famélique qui traînait une charrette surchargée de rameaux d'olivier ; l'animal fourbu se retournait de temps à autre, saisissait une touffe qui dépassait, la mastiquait, puis continuait son chemin, content d'avoir réussi à nourrir son corps d'un peu de la charge qu'il trimbalait. Mais le charretier avait bon cœur, il le retenait, le laissait avaler tranquillement la bouchée, puis il lui disait : « Allons-y maintenant », et ils s'en allaient.

— Il n'est pas parti à la guerre, lui ? demanda Vanguélis.

— Si, mais il en est revenu. C'est pour ça qu'il laisse maintenant son cheval manger tranquillement. Autrefois il l'engueulait, il le rossait. Ça s'est passé comme ça pour tous : ils sont revenus différents de ce qu'ils étaient quand ils sont partis... Et vous ?

— Nous aussi.

— Vous êtes meilleurs ?

— Qu'est-ce que ça veut dire être meilleur ?

— Comment t'expliquer, mon petit gars ? Tiens, c'est par exemple laisser son cheval avaler tranquillement sa bouchée, sans le bousculer.

— Nous, on n'a pas de cheval, plaisanta Vanguélis.

— On a tous un cheval qu'on bouscule, répondit la vieille femme en hochant la tête.

La voix lointaine du charretier qui avait entonné une chanson parvint à leurs oreilles. Elle avait pour accompagnement les cerceaux en fer des roues de la charrette qui percutaient les pierres du chemin. La vieille femme sourit :

— Le cœur de l'homme est comme ce cheval ; il faut de temps en temps le laisser attraper une petite branche tendre et la mâchonner…

Elle se mit à préparer un humble petit dîner, elle allait et venait, tantôt se parlant à elle-même, tantôt s'adressant aux deux hommes qui l'écoutaient en silence, et s'arrêtant parfois pour attendre une réponse. Mais la nuit était tombée pour de bon, la vieille femme avait allumé une petite lampe à huile qu'elle avait posée au milieu de la table, et dans cette faible et paisible clarté toutes les paroles du monde n'auraient pas suffi à tenir compagnie à sa vieillesse. Guettant un mot, espérant un geste, elle regardait les deux étrangers dans le silence du soir comme on regarde deux feuilles qui tombent d'un arbre et vont s'étendre sur le sol parmi beaucoup d'autres, puis elle souriait d'un air étrange et poursuivait son monologue :

— Mais on ne le laisse pas en paix, le pauvre, on lève le fouet, on lui assène un coup et on lui dit : « Avance, toi, et ne lambine pas, tu mangeras ce soir à l'étable, quand on sera rentrés. » Et voilà que le soir arrive, et il n'y a toujours rien à manger à l'étable pour le malheureux animal… Il y a quelques années j'avais une chèvre, je l'emmenais de pré en pré, je lui donnais à manger la meilleure herbe, je ne la laissais jamais attachée au même endroit… Et pourtant, de retour le soir, quand on entrait dans la cour, elle reluquait un rosier qui faisait des roses magnifiques, elle le reluquait et s'en léchait les babines, toute rassasiée qu'elle était ; dès qu'on passait devant, elle tendait le cou, essayait d'attraper la plus belle rose… Mais moi, je ne la laissais pas faire, je la tirais, je lui disais que Dieu n'a pas fabriqué les roses pour la panse des chèvres rassasiées. Chaque fois c'était pareil, chaque fois, pendant des années… Jusqu'au jour où l'animal est tombé bien malade, elle était vieille aussi la pauvre chèvre, elle s'est couchée dans son coin, elle ne bougeait plus. Je restais près d'elle jour et nuit, mais rien à faire, je la voyais s'éteindre peu à peu… Quand tout à coup j'ai vu qu'elle allait rendre l'âme, j'ai craqué, j'ai fondu en larmes. Je me suis levée, je suis sortie dans la cour et j'ai coupé la plus belle rose qui venait juste de s'ouvrir… Je la lui ai apportée, et elle m'a regardée comme jamais ni bête ni homme ne m'a regardée ; elle a pris la rose et s'est mise à la mastiquer feuille par feuille, avec la même envie que lorsqu'elle traversait la cour… Elle a rendu l'âme au moment où elle avalait le dernier pétale en se pourléchant. Que Dieu lui donne le repos, lui qui a fabriqué les roses pour les chèvres qui en ont envie…

La vieille femme acheva de mettre la table, s'assit à son tour près de ses visiteurs et continua en mangeant :

— Quand je vous ai vus arriver au loin, je me suis dit : voilà des étrangers, ils doivent être épuisés par la route, appelle-les ; si ça se trouve, c'est la dernière fois que Dieu t'envoie des oreilles humaines pour t'écouter. Quand tu seras dans l'autre monde, ma pauvre, une grande oreille poilue se tendra devant ta bouche, Dieu hochera la tête et te dira : « J'attends que tu me racontes autre chose ; ce que tu me dis là, il fallait le dire pendant toutes ces années où tu étais en vie… » Et pourtant, j'hésite encore, je suis très vieille, dans mon esprit les paroles des morts et celles des vivants ont commencé à se mélanger, pardonnez-moi si je ne peux plus les distinguer…

Légère, fraîche, venant du sud, la brise nocturne s'était levée. Dans un paisible battement d'ailes, sans se presser, une petite chouette vint se poser sur le rebord de la fenêtre. Ses yeux ronds, presque humains, reflétaient la flamme vacillante de la veilleuse.

— Elle vient chaque soir et me regarde, dit la vieille femme et elle sourit à l'oiseau. Elle reste là des heures à m'écouter lui parler, lui raconter un tas de choses. Depuis si longtemps que je bavarde avec elle, elle doit connaître toute ma vie par cœur et en détail… Tout ce que je sais elle le sait aussi, mais le plus grand, le plus lourd secret, c'est quelqu'un d'autre qui le détient…

— Quel secret, grand-mère ? demanda Vanguélis.

La vieille femme se pencha sur la table, son visage se rapprocha de la flamme de la veilleuse, sa peau était fripée, creusée d'innombrables chemins ouverts par les sueurs et les chagrins d'une vie entière :

— Devine, mon garçon, chuchota-t-elle.

A la fenêtre, la chouette s'ébroua, se mit à nettoyer son plumage de son bec recourbé, puis à aiguiser ses griffes en les frottant sur le rebord rugueux. Au loin, vers le village, on entendit tinter les godets d'une noria.

— L'eau ne sort plus toute seule, dit la vieille femme. On la tire avec des machines. C'est la guerre qui les a apportées ; avec tous les malheurs, elle nous a apporté aussi un bien, la maudite.

Rassasié, désaltéré, Yorghis prit sa petite lyre, s'assit dans un coin et commença à jouer doucement. Personne ne parlait. Seule la chouette tourna soudain la tête, poussa un cri sauvage et fondit sur une bestiole qu'elle avait repérée par terre. L'aveugle se mit à chanter. Son chant parlait de guerres, de batailles, de massacres, de compagnons et d'amis disparus. Puis il changea d'air, changea d'histoire, mais les paroles précédentes revinrent sournoisement se mêler aux nouvelles, comme les fourmis que l'on chasse de la main lorsqu'on trie le blé — elles reviennent à la charge, suivies chaque fois de renforts plus nombreux.

Tout à coup, Vanguélis tendit la main, saisit l'archet de son compagnon :

— Tu as entendu ? L'eau ne sort plus toute seule.

— A d'autres maintenant de perdre la vue, répondit le joueur de lyre, et il reprit sa chanson.

La vieille femme avança le visage, les regarda attentivement comme si elle les voyait pour la première fois devant elle :

— A d'autres peut-être, comme tu dis, murmura-t-elle, mais au village personne n'a oublié celui qui l'a perdue le premier...

« … On ne voulait pas arriver de nuit au village, de peur d'entendre les chiens aboyer après nous. Et puis, je n'avais pas envie de rentrer à la maison la nuit, comme un voleur, et d'effrayer en plus ta pauvre grand-mère avec la gueule que j'avais…

On s'est arrêtés chez une vieille, en dehors du village. La malheureuse, elle avait perdu trois fils à la guerre, son mari était mort lui aussi, et elle était restée comme une souche creuse, ça l'avait un peu dérangée, elle mélangeait les vivants et les morts, elle nous a raconté des histoires abracadabrantes. Quand on a voulu savoir ce qui s'était passé au village, impossible de comprendre ; tantôt elle nous faisait la conversation comme si on était des gens comme les autres, tantôt elle nous regardait en se signant comme si on était venus de l'autre monde.

On est entrés au village au petit matin. Il n'y avait pas un chat dans les rues. Quelques maisons s'étaient agrandies, d'autres étaient tombées en ruine parce que les propriétaires avaient disparu à la guerre. Les chiens n'ont pas aboyé, ça nous a fait plaisir.

Quand je me suis retrouvé en face de chez moi, la première chose que j'ai vue, c'était une petite charrue devant la porte d'entrée. Elle n'était pas à moi. La mienne était haute et lourde, je l'avais commandée à mes mesures. Je me suis approché, je me suis baissé et j'ai regardé la terre qui était collée autour du soc : elle était fraîche. J'ai alors compris. Ta grand-mère, mon petit, l'avait fait faire à ses mesures, pour pouvoir la manier. Pendant toute mon absence, elle avait travaillé la terre à ma place… »

Deuxième partie

X

La vieille dame prit sa canne, tira la porte derrière elle et sortit se promener une dernière fois dans le monde. En la voyant, les voisins firent leur signe de croix : « La maîtresse se prépare à nous dire adieu ; l'archange Michel est passé lui en laisser le message. » Toute la nuit ils l'avaient entendue gémir et crier, appeler le seigneur Photinos, lui dire de patienter, de ne pas être pressé, de lui accorder un petit délai. Dès le point du jour, les servantes qui étaient restées près d'elle se mirent à ranger la maison, à nettoyer partout, à astiquer les cuivres, les poignées de porte, comme si l'on attendait la visite solennelle d'un grand personnage. La vieille veuve du seigneur était sur leurs talons, inspectait, examinait, les réprimandait chaque fois qu'elle les voyait bâcler le travail. Puis, leurs tâches accomplies, elle les réunit et s'assit sur une chaise ; les bonnes défilaient devant elle, lui baisaient la main et prenaient leurs gages.

Maria était restée la dernière ; elle s'avança, tendit la main à son tour pour recevoir son dû. La vieille femme la regarda fixement et lui ordonna de fermer la porte. Et tandis que la bonne, qui frisait la cinquantaine, s'était retournée pour le faire, la femme du seigneur observa ses jambes, ses hanches, son corps qui avait commencé à trahir son âge, à prendre par endroits de l'embonpoint, mais qui gardait encore vivante toute sa sève, malgré le nombre d'hommes qui s'y étaient désaltérés pendant toutes ces années.

— Maria, tu te souviens ? dit calmement la vieille femme.

— De quoi, maîtresse ?

— De Théophanis, ton maître.

Étonnée, la bonne haussa les épaules :

— Bien sûr que je m'en souviens, maîtresse ; qui pourrait oublier le seigneur ?

— Ce n'est pas ce que je veux dire... Je te demande si tu te souviens de lui en tant qu'homme.

Maria se pencha vers la vieille dame, la prit doucement par l'épaule :

— Allons, madame, pourquoi vous embarrasser de ces choses-là à un moment pareil ?

— Je suis encore dans ce monde, et je me préoccupe des choses de ce monde. Parle ! Quels souvenirs as-tu de mon mari ?

Sur le point de répondre, la bonne s'arrêta.

— N'hésite pas, reprit la femme du seigneur.

— Vous n'allez pas vous fâcher, maîtresse ?

— C'est trop tard à présent pour se fâcher.

— Aucun souvenir, je vous le jure, aucun. Tout est parti en fumée et pff ! terminé.

Maria sourit, se rapprocha de la vieille femme :

— Vous êtes une femme, vous aussi. Vous ne me comprenez pas ? Ces choses-là, il n'y a que les hommes qui peuvent s'en souvenir. Pour nous les femmes, il n'en reste rien. Vous connaissez, vous, un arbre qui se souvient du nombre et de la forme des nuages qui sont passés au-dessus de lui et l'ont arrosé ?

— Les hommes sont des nuages, Maria ?

— Et quoi d'autre, maîtresse ? Dès qu'ils ont déversé leur petite pluie, le vent les emporte et ils disparaissent. Tandis que nous...

— Tandis que nous ?

La bonne baissa la voix :

— Nous, on reste, et tous les nuages du monde peuvent bien nous passer dessus, on a toujours soif.

— Et ton maître, un nuage lui aussi ?

— Un nuage, madame.

— Ça fait combien d'années ?

— Beaucoup... Beaucoup, comment me rappeler...

— Ma fille Sophia avait ton âge. Elle, elle a pris dans les bras le premier nuage qui est passé et elle est partie...

Embarrassée, Maria fit semblant de regarder ailleurs :

— C'est votre enfant, maîtresse, vous voulez que j'aille lui porter un message ?

— Non, Maria, ce n'est pas la peine. Qu'est-ce qu'on peut bien dire à son enfant quand ce n'est plus un enfant ? soupira la vieille dame, et elle se prépara à sortir.

La femme du seigneur lève la tête, regarde à l'entour, elle devine que les gens la guettent, la suivent derrière les fenêtres entrouvertes, elle sait qu'ils savent. Mais peu lui importe, un autre souci, un grand souci l'obsède : ce soir elle remet son âme entre les mains de Dieu, cela fait quatre-vingts ans qu'elle la lui doit, c'est assez, plus qu'assez. De temps à autre elle marque une pause, se retourne, jette un coup d'œil derrière elle ; il lui semble que quelqu'un d'invisible ajuste ses pas aux siens ; lorsqu'elle s'arrête, il s'arrête lui aussi, tend la main et attend la dette. La vieille dame perd son sang-froid, cède à la peur, accélère le pas pour lui échapper, mais n'y parvient pas ; l'autre est toujours là, elle sent sur sa nuque son haleine — une odeur de terre.

Un vieux paysan sort de chez lui, salue la femme du seigneur Photinos, s'avance en traînant les pieds et lui baise la main avec respect :

— Alors, tu nous laisses, maîtresse ?

D'une main tremblante il lui montre l'immense domaine, là-bas, au bout de la grand-route, là où les terres s'étendent à l'infini, où les oliviers verdoient :

— Et tout ça, qu'est-ce que ça va devenir ? Pourquoi te presser de tout abandonner ?

La vieille femme lui fait signe de regarder derrière elle ; l'Autre, toujours invisible, s'est tapi quelque part et attend :

— Ce n'est pas moi qui suis pressée, vieux Vassili, mais lui. Il n'est pas encore venu te dire, à toi, de te préparer ?

Le vieillard tourne les yeux vers son seul bien : une humble maisonnette, deux petites pièces en pisé, une cour propre et hospitalière comme la main de Dieu. A l'ombre d'un mûrier un petit garçon joue à poursuivre de fleur en fleur les papillons.

— Moi, maîtresse, je n'ai pas grand-chose à préparer, dit-il en soupirant. Il me suffit de blanchir la cour à la chaux et d'arroser mes fleurs.

La vieille femme dit adieu à son ancien et fidèle ouvrier, elle se le rappelle dans la force de sa jeunesse, avec ses cheveux noirs et brillants, sans bâton, sans souliers ; ses pieds s'enfonçaient alors dans le sol et laissaient de larges et profondes empreintes, pareilles à celles d'un ours. Il était venu à l'insu du seigneur la supplier de lui donner un lopin de terre pour construire une cabane, installer sa femme et son premier enfant qui allait bientôt naître. C'était auprès d'elle, et d'elle seule, qu'ils venaient tous pleurer, ils lui confiaient leurs peines, l'imploraient, lui demandaient d'intercéder en leur faveur. Et le soir, au coucher du seigneur Photinos, debout devant le lit, la femme faisait son rapport, présentait ses requêtes, marchandait. Et le seigneur lui disait : « C'est toi qui sais, c'est toi qui juges. Un jour cette terre-là leur appartiendra. Qu'ils la prennent peu à peu pour s'habituer. »

La vieille femme voit son ancien tâcheron entrer dans sa pauvre bicoque d'un pas chancelant, elle regarde derrière lui la terre, elle n'aperçoit plus ces profondes empreintes d'autrefois ; les pieds de l'homme se traînent, soulèvent la poussière qui le suit jusque chez lui. « Pourquoi ne pas leur en donner davantage ? osait répliquer la femme du seigneur. Au bout du compte deux mètres de terre nous suffiront... » « Éteins la veilleuse et couche-toi. Dieu seul a le pouvoir de partager la terre par la parole ; les hommes la partagent par la guerre », grommelait dans son demi-sommeil Théophanis Photinos, et il se tournait de l'autre côté.

Là-bas, dans les champs, une autre guerre a commencé dès l'aube, une guerre éternelle et bénie. La vieille femme s'assied sur une pierre pour se reposer, se remettre de sa marche, elle entend les voix, les conversations, les bruits, les clochettes qui pendent au cou des chevaux, le claquement des fouets sur leur croupe en sueur. Les hommes se courbent, sèment, les femmes les suivent, se courbent et sèment à leur tour, d'autres à côté labourent, arrachent les pierres des entrailles de la terre, en emplissent des cabas et les déchargent un peu plus loin sur un terrain caillouteux. D'année en année, de siècle en siècle, l'endroit a pris la teinte crayeuse de la pierraille stérile, serpents et scorpions accourent, trouvent refuge dans ce cimetière tout blanc, s'accouplent et prolifèrent sur la seule étendue que leur ont laissée les hommes insatiables.

Au loin, les paysans se retournent et regardent vers la route, mais ils ne distinguent pas la femme du seigneur, tant elle est courbée sur sa pierre ; et même s'ils la distinguent, ils doivent la prendre pour un oiseau sauvage que la faim a fait sortir de son repaire et qui guette le passage d'un lézard pour se remplir le jabot. Soudain, la brise du jour se lève, légère, elle livre aux oreilles de la vieille dame des propos et des éclats de rire : « Ça y est, c'est la fin, son heure est venue. A qui va-t-elle laisser tout ce que le seigneur a amassé une vie entière ? » lance un laboureur. Le vent souffle plus fort, la vieille femme ne parvient pas à percevoir la réponse, mais l'Autre, toujours invisible, se tient à l'affût dans les parages et pouffe de rire. « Ils n'avaient qu'une fille et ils l'ont déshéritée », dit un paysan. « Si au moins ils avaient eu d'autres enfants... », commente quelqu'un. » « Et comment est-ce qu'il aurait trouvé le temps de faire des gosses, le seigneur ? A force d'arroser le jardin des autres, il rentrait chez lui la citerne à sec », lui crie une femme.

La vieille veuve se souvient à nouveau de son mari une nuit où elle l'avait entendu rentrer, très tard, d'une grange où ils gardaient le foin et où Maria allait souvent dormir. Lorsqu'il s'était couché, l'odeur de l'autre femme avait pénétré avec lui dans le lit, une odeur forte, insupportable, la femme du seigneur s'était tournée de l'autre côté, elle avait envie de vomir. Le lendemain, elle avait changé les draps et fait sa prière en aspergeant les nouveaux d'eau bénite. C'était ainsi que sa mère lui avait recommandé de faire. Les temps alors n'avaient pas encore changé, les gens invoquaient Dieu aux champs, à la maison, ils l'invitaient à entrer dans leur alcôve, à s'asseoir sur une chaise garnie d'un petit coussin de velours rouge et à bénir les jeux de leurs corps.

Un jour, à bout de patience, la femme du seigneur se confia à une voisine âgée, elle lui raconta ses malheurs, lui demanda conseil pour remettre Photinos dans le droit chemin. « C'en est trop, elles le pressent l'une après l'autre comme un citron, dit-elle ; qu'est-ce que je dois faire ? » « Il existe un remède, répondit la voisine, c'est de le presser toi la première, pour que les autres ne trouvent plus rien. »

Lorsque cette voisine mourut, on n'en retrouva plus comme elle. Après la guerre, la méfiance commença à s'installer au village, les gens ne sortaient plus bavarder de fenêtre à fenêtre, de seuil à seuil, et quand ils se rencontraient dans la rue ils parlaient à voix basse, comme s'ils avaient à s'avouer de lourds secrets qu'ils ne voulaient pas ébruiter. Souvent, le soir, on entendait d'une maison à l'autre des éclats de voix, des querelles, des cris perçants, les femmes répliquaient aux hommes qui se mettaient alors à les battre et à les jeter dans la rue, les voisins et les passants ramassaient les enfants, les remettaient au pope qui les emmenait à Athènes et les plaçait dans les maisons des riches.

Ce fut à cette époque exactement que la femme du seigneur, transgressant les ordres laissés par Photinos avant sa mort, songea à distribuer un peu de terre aux pauvres et aux déshérités.

Les actes furent établis, signés, et pour la première fois de leur vie, bien des gens se retrouvèrent propriétaires d'un bout de terrain, d'un jardin potager ou d'un petit vignoble.

Mais en vain la vieille femme attendit-elle de voir la terre qu'elle avait offerte devenir verdoyante, se couvrir de fleurs, donner des fruits. Venus de la capitale, entrepreneurs et promoteurs l'achetèrent aux paysans pour une bouchée de pain et commencèrent à bâtir des hôtels et des usines. La veuve de Théophanis Photinos n'accorda plus une seule poignée de terre, elle se cloîtra dans sa demeure et n'adressait la parole à personne. Mais chaque soir, à l'heure du crépuscule, il lui semblait entendre le pas lourd du seigneur qui revenait comme toujours de son inspection quotidienne. La porte s'ouvrait, et Photinos entrait, fatigué par sa ronde, en sueur, exhalant une odeur d'humus. « Tu vois maintenant pourquoi je ne voulais pas leur donner de terre ? disait le seigneur d'une voix sévère mais calme. La terre, c'est comme une femme : un seul doit la garder, un seul et qui en soit capable. Si plusieurs se la partagent, la femme devient une putain. »

La vieille dame se lève de la pierre en soupirant, elle reprend son chemin. « C'est bon, allons-y », dit-elle à l'Autre, l'Invisible ; elle le sent se lever en même temps pour la suivre en silence. Elle en a maintenant l'habitude, sa présence ne l'effraie plus, parfois elle tourne la tête et le nargue : « Un mendiant, voilà à quoi tu es réduit, mon pauvre ! Toute la vie tu ne fais qu'attendre une poignée d'os. »

Devant le cimetière du village, la femme du seigneur regarde le petit mur de clôture que des ouvriers ne cessent de démolir et de reconstruire un peu plus loin, élargissant le domaine des morts qui d'année en année se multiplient. Les tombes avoisinent de plus en plus les champs de blé, les vignes et les jardins, les paysans viennent à midi se détendre à l'ombre des cyprès, ils sortent leur gamelle, leur casse-croûte, des olives et des oignons roulent sur les pierres tombales. Dans le ventre de la terre, les défunts entendent le cliquetis des cuillères et des fourchettes, les verres qui s'entrechoquent, les mâchoires qui mordent, et ils s'en réjouissent.

La femme du seigneur pénètre dans le cimetière. Près de l'entrée, une petite église radieuse et avenante, dernier arrêt terrestre des morts — puis ils descendent dans la fosse se reposer. A côté de l'arrêt, le garde-frontière ; le pope, un vieillard aux cheveux blancs mais à l'œil vif, est assis devant la porte de son modeste logis, il égrène son chapelet.

— Sois la bienvenue, dit-il en se levant. Tu viens faire ton inspection ?

La vieille dame tend sa canne, montre les tombes éclatantes de blancheur sous la lumière du soleil :

— Tu l'as préparée comme je t'avais dit ?

— Tout est prêt, répond gaiement le pope. Tu n'as plus qu'à y entrer.

— Et pour Théophanis, tu as fait tout ce qu'il faut ?

— Te fais pas de bile ; on lui a lavé les os avec du vin, je lui ai annoncé ton arrivée et je lui ai dit de se pousser un peu pour te faire de la place.

— Tu as ma bénédiction, mon père.

— Et toi la mienne.

Midi passé, heure où tous les arbres du monde sont avares de leur ombre, mais les deux cyprès touffus et magnifiques à la tête du tombeau mêlent leur épais feuillage et rafraîchissent les alentours. La vieille femme se tient au bord de la fosse, à la frontière des deux mondes, elle sait qu'elle en a fini avec l'un et elle se prépare pour l'autre en observant en silence la terre ouverte. Des champs environnants parviennent des voix, des rires, des bruits confus, c'est l'heure du casse-croûte, de la pause, les paysans se dispersent et s'étendent à l'ombre pour faire sécher leur sueur. La vieille dame les entend, elle pense de nouveau aux pauvres et aux déshérités, aux ordres du seigneur, elle les soupèse, elle sait qu'il lui reste très peu de temps pour réfléchir et prendre une décision. L'espace d'un instant, elle a envie d'appeler le pope et le notaire pour distribuer encore d'autres champs, encore quelques parcelles de terre ; que les paysans en fassent après ce qu'ils veulent, peu lui importe, tout cela n'est que vain souci de ceux qui se croient immortels... Pourtant, quelque temps avant sa mort, Photinos lui avait affirmé : « J'en prends à témoin Dieu qui m'attend : les hommes, je m'en fiche, leur sort ils l'ont mérité... Mais la terre, elle, n'a jamais fait de tort à personne, c'est pourquoi je n'ai pitié que d'elle... » « Ne te damne pas, Théophanis, on est tous des créatures de Dieu », avait murmuré la femme. « Des fourmis qu'Il écrase sous Son pied, tu veux dire ! » avait ajouté amèrement le seigneur.

Soudain, deux fourmis à visage humain enjambent le muret et sautent dans le cimetière, ils ne voient pas la veuve de Photinos penchée au-dessus de la tombe ouverte, ils cherchent un coin d'ombre tranquille pour s'allonger. La femme du seigneur remarque le torse nu de l'homme, couvert de sueur, avec la terre du champ collée comme une croûte sur sa peau ; derrière lui, excitée, toute rouge, en sueur elle aussi, la femme déboutonne déjà son corsage. Ils trouvent un bon endroit, à quelques pas de la vieille, se couchent devant une sépulture tapissée d'herbe et s'étreignent. La femme du seigneur les entend gémir, haleter, elle se signe et ferme un instant les yeux. Ce n'est pas qu'elle a honte, mais il lui semble qu'au lieu du paradis, Dieu lui offre l'enfer, il vient même d'en ouvrir une fenêtre et lui montre les condamnés. « Des fourmis qu'Il écrase sous Son pied », résonne à nouveau la voix du seigneur Photinos. Lorsque la vieille dame rouvre les yeux, elle aperçoit l'homme et la femme entrelacés sur le sol, et au-dessus du couple elle croit voir le pied de Dieu qui hésite encore et attend.

Devant sa porte, le pope continue d'égrener son chapelet :

— Tu as tout trouvé comme tu as voulu ? demande-t-il à la femme du seigneur.

— Tout, mon père. Il reste à présent le plus difficile : mon âme. Mais ça, c'est un autre qui doit la trouver comme il l'a voulue.

Le pope comprend, il montre l'entrée de la petite église :
— Viens, au nom de Dieu…

Sa vie n'avait jamais dévié, les années étaient passées haut, très haut, comme des nuées d'oiseaux qui voyagent vers des contrées lointaines — ils n'ont pas le temps de s'arrêter. Il lui arrivait parfois de lever la tête et de les regarder en disant : « Où donc peuvent-ils aller ? » Puis, installée devant la fenêtre ouverte, elle agitait la main en signe d'adieu. Elle savait que les oiseaux ne pourraient jamais la voir, mais elle les voyait, elle, cela lui suffisait. Il lui avait fallu tant et tant de saisons pour comprendre qu'on doit considérer comme heureux l'homme qui réussit à garder toujours devant lui une fenêtre ouverte.

Elle avait pourtant essayé de changer l'ordre des choses :

— Je n'ai rien pu changer, mon père. Qu'est-ce que je pouvais faire ? Que peut faire la chèvre qui broute autour de son piquet ?

— La chèvre est attachée.

— Nous aussi, nous sommes attachés, mon père. La corde est tantôt courte, tantôt longue, mais c'est toujours une corde.

Plus tard elle s'était adonnée à des actions de charité, du matin au soir elle s'occupait des pauvres, des indigents, des malades. Le seigneur la voyait rentrer épuisée, les yeux toujours plus tristes, les lèvres plus serrées d'amertume. « Tu essaies de vider la mer à la petite cuillère ? » lui disait-il. Elle ne répondait pas, elle mettait la table, l'hiver devant la cheminée, l'été au jardin, s'asseyait en face de lui et mangeait en silence. Un soir, Théophanis tarda à revenir. Elle l'avait vu se diriger vers les champs, puis elle remarqua l'absence de Maria et comprit. Elle attendit comme toutes les autres fois, calme, sereine, sans songer à rien. De temps en temps elle appelait les bonnes et leur commandait de garder le repas au chaud. Lorsqu'elle vit son mari rentrer, elle tressaillit comme si un serpent l'avait mordue : Théophanis était blanc comme un linge, il respirait péniblement, la main crispée sur sa poitrine. Elle le fit asseoir, lui donna de l'eau fraîche, il se remit. A cet instant, elle aperçut Maria, toute frétillante, le corsage encore déboutonné, la jupe froissée. La femme du seigneur avança sa chaise près de son mari, le prit dans ses bras comme une mère tient son enfant apeuré, lui caressa la tête et lui dit : « Moi j'essaie de vider la mer, et toi d'assouvir la femme. »

Dans la pâle clarté qui descend par les lucarnes rondes de la voûte, le pope scrute le visage de la vieille femme, il lisse sa barbe d'un air perplexe :

— Pourquoi te tourmenter ? Dieu ne s'intéresse pas à des choses pareilles.

— Avec Dieu je discuterai bientôt, mon père ; pour l'instant, c'est à un être humain que je veux parler.

Le pope hoche la tête :

— Depuis le jour où le seigneur est mort, tu as fermé ta maison et tu n'as plus parlé à personne... Le silence, c'est mauvais, il recouvre les gens comme la poussière recouvre les meubles ; si on ne le chasse pas vite, il nous colle à l'âme et ne s'en va plus. Tu as bien tardé à dépoussiérer ton âme...

A qui aurait-elle parlé et pour dire quoi ? Que peut-on bien avoir à dire quand on reste des jours et des nuits devant une fenêtre ouverte à regarder les oiseaux traverser le ciel, haut, très haut, et disparaître ?... Un soir, un mendiant qui passait sur la route tendit la main et lui cria : « Tu as l'air rassasiée, ma bonne dame ; seuls les ventres pleins regardent tout là-haut pour compter les oiseaux qui volent. » Elle ordonna aux servantes de lui mettre un couvert, de lui donner à boire et à manger, de lui apporter des vêtements propres. Il lui raconta qu'il venait de très loin, poussé, emporté par la guerre qui le trimbalait de région en région, le jetait çà et là, comme une feuille morte au gré du vent. Ses yeux étaient saturés d'horreurs : massacres, batailles, désastres, les gens en pleurs, la terre en flammes. « Et toi, comment as-tu fait pour arriver jusqu'ici ? » lui demanda-t-elle. Le mendiant lui montra le seul objet qu'il possédait en ce monde : un vieux bâton pour chasser les chiens qui l'attaquaient. « Avec ça tu peux arriver jusqu'au bout du monde. Un ventre plein et un bâton pour la route, l'homme n'a besoin de rien d'autre », répondit-il.

Quelque temps avant de mourir, le seigneur Photinos l'avait appelée et lui avait montré leur maison : « Un jour tu en auras assez de tout ça. Mets le feu et brûle tout. » « Pourquoi le feu et pas des gens ? » osa-t-elle dire. « Les gens ne sont jamais contents de rien, tandis que le feu mange et ne pose pas de questions », répliqua-t-il.

Lorsque le pope apprend l'ordre qu'avait laissé le seigneur, il fronce les sourcils :

— Dieu lui pardonne, mais il était rude, exigeant, il demandait beaucoup aux pauvres humains.

— Il demandait aussi beaucoup à lui-même, mon père…

Le pope change brusquement de ton :

— Dieu a jugé le défunt, nous n'avons pas à le faire. Mais toi, quelle décision as-tu prise ?

— Je ne sais pas, je n'ai pris aucune décision… Celui qui a jugé mon mari, me jugera moi aussi.

Aux oreilles du pope carillonne encore l'ordre terrible du seigneur Photinos : « Un jour, mets le feu et brûle tout ! »

— En tout cas n'oublie pas une chose : l'homme n'est pas venu sur terre pour détruire, ajoute-t-il gravement.

La veuve du seigneur se relève. Elle s'arrête un instant à la porte de la chapelle et désigne d'un geste las, presque indifférent, les champs qu'elle a distribués aux pauvres. La plupart sont restés en friche. Sur les autres se dressent d'énormes machines qui vomissent du mortier et du béton — les ouvriers qui les nourrissent de pétrole ont les mains huileuses, le visage barbouillé, noir.

— Depuis que Dieu nous a fabriqués, mon père, on ne fait que détruire, répond la vieille femme, pensive, et elle prend le chemin du village.

Le « testament » du seigneur
Théophanis Photinos

En 1974, un peintre qui restaurait les anciennes icônes d'une chapelle byzantine, au nord d'Athènes, découvrait, dissimulé dans l'encadrement d'une Crucifixion, un papier jauni dont on lira ci-dessous le texte, signé Théophanis Photinos. Malheureusement, l'humidité du mur, le temps et la fumée de l'encens avaient détérioré une partie du manuscrit qui mentionnait, entre autres, la date.

Sophia affirmait qu'à la mort de son père, elle avait déjà mis au monde ses deux premiers enfants, ce qui nous permet de supposer que Théophanis Photinos rédigea son « testament » vers 1890.

Il n'est pas difficile d'imaginer pourquoi il avait choisi cet endroit pour cacher un tel document. A cette époque, les gens avaient l'habitude de déposer leurs icônes dans les églises pour les faire bénir. Et Théophanis Photinos savait que si l'on pouvait fouiller partout chez lui, dans ses coffres et ses affaires personnelles, on n'aurait jamais l'idée d'aller chercher derrière cette Crucifixion, qui se trouvait d'ailleurs dans une chapelle isolée, à plusieurs kilomètres de sa demeure. La mort le surprit avant qu'il ait pu révéler l'existence de ce testament.

« Notre bien, c'est la sueur qui coule de notre front toute notre vie. Et dans ce monde, on a le droit de faire ce qu'on veut de sa sueur. Pour ce qui est de l'autre monde, je ne sais pas ce qui est juste et ce qui ne l'est pas ; là-bas, ce n'est pas moi le patron.

L'autre soir, dans la cour, je caressais un petit pigeon qui venait de sauter pour la première fois de son nid, quand j'ai ressenti une violente douleur du côté du cœur ; je ne pouvais plus respirer. Puis la douleur s'est calmée, et j'ai compris : ce jour-là, la Mort était de passage, elle n'avait fait que frapper à la porte et repartir. La prochaine fois, elle pourrait bien ne pas repartir et j'ai intérêt à m'y préparer.

Eléni, ma femme, je l'ai épousée jeune, très jeune, et son père ne voulait pas me la donner, parce qu'il avait quatre filles plus âgées et tenait à s'en décharger d'abord. Mon père à moi disait qu'il faut prendre les femmes très jeunes et ignorantes pour les dresser à notre façon, comme on fait pour les chevaux de bataille. Il m'a fallu pourtant des années avant de comprendre que lutter au sol avec un homme et au lit avec une femme, ce n'est pas la même chose.

Eléni n'a jamais apprécié ce genre de lutte. Elle se signait, se blottissait dans un coin du lit et attendait en marmonnant une prière que sa mère lui avait apprise. Une nuit, je l'ai touchée sans qu'elle ait dit sa prière ; elle a éclaté en sanglots et elle s'est levée pour aller faire quarante génuflexions devant les icônes.

Si ma femme ne bougeait pas au lit, elle ne bougeait pas non plus dans la vie ; je savais toujours où la trouver tout au long du jour et de la nuit. Elle aussi. Et comme la vie est une guerre qui tire en longueur, il est bon de savoir où se trouve à chaque instant son compagnon de lutte.

C'est à Eléni que je lègue tous mes biens, meubles et immeubles ; elle en aura la jouissance et la libre disposition dès que j'aurai fermé les yeux. Plus tard, quand son heure sera venue, qu'elle fasse comme je dis :

Qu'elle rassemble les hommes et les femmes qui ont travaillé pour nous pendant toutes ces années, et qu'elle donne à chacun selon son mérite une part de l'argent qu'elle aura.

Je dis bien l'argent, pas la terre. Terre morcelée, terre foutue, à la merci des gens de la ville qui viendront s'en emparer, déraciner les vignes et les oliviers pour construire des maisons et des routes. Il faut que les riches conservent la terre jusqu'à ce que les pauvres s'enrichissent à leur tour. Alors, ce sont eux qui la prendront ; au moins, vignes et oliviers seront déracinés par ceux qui les ont plantés.

Qu'elle distribue aux pauvres le grain, l'huile et le vin qu'elle aura. Qu'elle s'arrange pour qu'ils aient toujours de quoi manger sans avoir à mendier. La mendicité crée la honte, et l'homme qui a honte finit par se révolter.

Ma fille, Sophia, je la déshérite. Elle a abandonné sa famille, sa condition, son rang, pour partir avec un étranger, et de son propre gré ....
les pauvres avec les pauvres, les seigneurs avec les seigneurs, à chaque semence la terre qui lui convient ....
....

Un jour, je suis allé dans le village où elle habite, pour voir comment elle vit. Je l'ai aperçue, elle se lève aux aurores pour trimer aux champs avec son mari, elle va tirer l'eau du puits toute seule, et le soir, comme une domestique, elle fabrique sur le perron la mèche de la veilleuse.

Combien de temps va-t-elle supporter cette vie qu'elle n'a pas dans le sang ? Combien de temps la présence d'un homme dans son lit pourra-t-elle combler le vide de sa marmite ?

Si je la déshérite, ce n'est ni pour la punir ni pour me venger, j'en prends Dieu à témoin. Les enfants peuvent quitter leur toit, mais pas leur rang ; je tiens ça de mon père comme il le tenait du sien.

Tant pis si je n'ai pas d'autre enfant à qui laisser ma fortune. De toute manière, les temps changent ; la ville, autrefois lointaine, ne cesse de se rapprocher, la terre change de mains et prend un autre visage. Mais les premiers à changer, ce sont les gens, et ça ne m'étonne pas ....

Théophanis Photinos. »

XI

— Toute la nuit elle a crié dans son sommeil, elle discutait avec feu le seigneur. Tout à coup, je l'ai entendue de mes propres oreilles qui disait : « J'arrive, Théophanis, j'arrive, ne sois pas pressé. » Et puis, pendant un bon moment, je ne l'ai plus entendue, la maison s'était glacée comme sous la neige. J'ai compris : l'Archange était venu et lui parlait... Ensuite, j'ai entendu la porte claquer. Je n'ai pas fermé l'œil, je savais que son heure était venue, que la maîtresse allait nous quitter. Je ne voulais pas dormir, la laisser seule...

Sophia écoutait attentivement la fidèle servante de ses parents, ses yeux s'étaient embués de larmes :

— Moi je n'ai pas eu la force de rester auprès d'eux... C'est Dieu qui l'a voulu, murmura-t-elle.

— Toi tu étais leur enfant, il te fallait bien partir ; moi je n'étais qu'une bonne, mon devoir était de rester. J'ai reçu de la main de tes parents le pain qui m'a nourrie, ils se sont occupés de moi, ils m'ont élevée comme si j'étais leur gosse.

— Moi aussi je l'étais...

— Dans leur vieillesse ils pensaient souvent à toi. La plupart du temps c'est ta mère qui parlait de toi, et le seigneur lui disait : « Tu n'as pas encore oublié ta fille ? » Comme si c'était possible d'oublier son propre sang...

— Mon père était dur...

— Non, Sophia, il n'était pas dur ; ce sont les temps qui l'ont vu naître qui étaient durs. Il disait souvent qu'il n'avait rien eu de ses parents, et que sa fortune il se l'était faite avec ses mains et sa sueur… « Une pioche, voilà ce que m'a donné mon père et il m'a chassé », qu'il disait. C'est vrai ?

— Oui, c'est vrai… Il a travaillé et il a acheté un champ plein de caillasse. Personne n'en voulait. En le voyant creuser jour et nuit, les autres se moquaient de lui, mais il s'en fichait. Il a ramassé les pierres, il en a fait toute une montagne, ensuite il les a transportées peu à peu en charrette et les a vendues à la ville. Avec les quelques sous qu'il en a retirés, il s'est acheté des outils, pics, pelles, barres à mine, il est revenu chargé et s'est mis à ouvrir un puits… Il creusait encore jour et nuit ; ses outils s'émoussaient, les barres se tordaient, mais lui continuait toujours, sans même lever la tête. Quand le trou s'est approfondi, les paysans venaient la nuit lui jeter de quoi manger, ils avaient pitié de lui… L'eau a fini par jaillir de la terre et ils ont tous accouru pour voir ça ; ils ont dit : « Rien ne pourra vaincre l'homme qui n'a pas été vaincu par cette terre. »

— Et comment est-ce qu'il a pu bâtir toute cette fortune ?

— La terre rapporte de la terre. Chaque fois qu'il voyait un champ à l'abandon, en friche, il l'achetait pour une bouchée de pain parce que personne n'en voulait. « La terre c'est comme les femmes, disait-il, il n'y a pas que les belles qui peuvent faire des enfants. »

Sophia s'interrompit, elle resta pensive. Elle se rappela son père tel qu'elle le voyait lorsqu'elle était petite, descendre de cheval, saisir une motte de terre et l'écraser doucement, lentement, entre ses doigts. La terre glissait, retombait sur le sol, le seigneur la regardait d'un air calme et songeur, comme ensorcelé par la force mystérieuse et invincible qui poussait ces innombrables grains à se mêler de nouveau aux autres, à la chair de la terre tout entière.

— J'ai l'impression que le monde a changé, Maria…

La servante demeura tête basse, comme si elle avait elle aussi des pensées secrètes qu'elle ne tenait à confier qu'à elle-même :

— Tu te souviens du vieux Mathios, le maçon ? Au moment de mourir, il s'est brusquement redressé sur son lit, il a tendu l'oreille. Le pope s'est mis à marmonner une prière, mais le vieux Mathios a levé la main pour lui faire signe de se taire : « Qu'est-ce qui s'écroule ? » a-t-il demandé, et il a rendu l'âme... Dieu sait ce qu'il voulait dire par là...

Sophia garda le silence. Dans sa mémoire resurgit le souvenir du jour où elle s'était enfuie avec Vanguélis. Ils couraient à travers champs et vignes pour gagner du chemin. Soudain, elle s'était retournée, avait regardé une dernière fois la terre qu'elle quittait. Vanguélis avait pensé qu'elle regrettait, qu'elle avait peur. Elle ne savait que lui dire, comment lui expliquer, sans doute ne l'aurait-il pas crue si elle lui avait dit que d'étranges bruits arrivaient jusqu'à ses oreilles ; c'était comme un grondement souterrain qui s'élevait et se répandait peu à peu à la surface du monde, la terre tremblait, on eût dit que Dieu en colère donnait des coups de pied à sa création. Lorsque Vanguélis la prit dans ses bras pour traverser la rivière, il lui sembla qu'elle était la dernière femme du monde, et celui qui la portait, le tout dernier homme.

— Autre chose me revient, Sophia... Un jour, ton père m'a emmenée tout là-haut sur le mont Pendéli, il m'a montré au loin ses propriétés, les forêts, les champs de blé, les oliviers à l'infini. Tout à coup, il a dit : « Qu'est-ce que ça va devenir tout ça ? » Moi je savais qu'il t'avait déshéritée et j'ai cru qu'il regrettait de n'avoir pas pu faire un fils pour laisser après lui un héritier. Quand je lui ai dit ça, il a éclaté de rire et m'a montré non loin de là, au pied d'un chêne vert, un gros lapin tout blanc qui avait coincé une femelle et se dépêchait de la saillir... Quand les deux animaux ont eu fini, ils ont quitté leur cachette, sont sortis à la lumière du soleil et se sont mis à jouer, à se rouler dans l'herbe comme des gosses. « Des héritiers... pff ! Tiens, regarde, c'est à eux qu'elle appartient, la terre, a soupiré le seigneur. Tant qu'ils auront de l'espace pour gambader et se sauter dessus, le monde ne risque rien. »

— Alors pourquoi le feu ? Pourquoi ? murmura Sophia.

— Il avait fait jurer ta mère. La pauvre femme ne pouvait pas faire autrement. Elle lui avait obéi toute sa vie, comment lui désobéir quand il s'adressait à elle de l'autre monde ? Un peu avant sa mort, ta mère m'a appelée auprès d'elle et m'a dit de fermer la porte. « Dès que tu me verras rendre l'âme, m'a-t-elle dit, cours vite à la grange et mets le feu. Il y a un bon tas de paille là-dedans, ça prendra facilement. » Moi je ne pouvais pas, je ne voulais pas ; j'avais vécu, grandi dans cette maison. Et puis, j'avais peur aussi. J'ai bien essayé de la faire changer d'avis, mais rien à faire. J'ai fini par le lui promettre. Quand je l'ai vue qui avait commencé à agoniser, je l'ai suppliée de réfléchir, de laisser Dieu accomplir tout seul son œuvre. Elle m'a répondu : « Le feu aussi est l'œuvre de Dieu. Fais ce que je te dis. »

— Et tu as pu le faire, Maria ?

— J'ai pu, Sophia... Mais j'ai réfléchi d'abord, je suis restée un bon moment dans la grange, avec la boîte d'allumettes dans les mains. Je me suis dit : « Maria, qu'est-ce que tu vas faire ? Qu'est-ce que tu vas devenir ? Que tu obéisses ou non, pour toi rien ne changera. Tu es une domestique aujourd'hui, tu seras une domestique demain aussi... Et celles qui ont tout laissé tomber pour aller travailler à la ville ont quitté un esclavage pour un autre, pire, dans les maisons des riches... » Tu me diras : quelle différence puisque de toute façon c'est ton devoir d'obéir ? Moi je la connais la différence ; je l'ai trouvée un jour que le seigneur m'a emmenée avec lui à la ville et m'a montré une chèvre qu'on avait dressée. Elle dansait, et les gens riaient. Ensuite elle faisait le tour de l'assemblée avec une assiette entre les dents, pour récolter les pièces qu'on lui jetait... J'ai fondu en larmes, et j'ai compris... Voilà pourquoi, en train de réfléchir au milieu de la grange, je me suis dit à la fin : « Je ne veux pas en arriver là, avec une assiette entre les dents. » Et j'ai mis le feu.

— Et maintenant, où est-ce que tu vas aller ?

— Je ne sais pas... Aucun de nous ne le sait. L'autre jour, ils sont venus de la ville et nous ont dit que l'État va prendre tout ça.

— Qu'est-ce qu'il va en faire ?

— Le donner à d'autres paysans, à ce qu'on dit, à des réfugiés.

— Et les paysans de chez nous ?

— Ils ont déjà commencé à se disperser, ils se font embaucher dans les usines qui se construisent.

— Et ils sont contents ?

— Pourquoi ne le seraient-ils pas ? Quand la semaine se termine, ils vont faire la queue, tendent la main, empochent leur paie et s'en vont.

— Alors, toujours esclaves ?

— Oui, esclaves... Ton défunt père disait : « Qui creuse la terre est esclave de Dieu, qui tend la main est esclave de l'homme. »

Dehors, dans la cour, résonna le pas du cheval. Il rentrait seul du travail de la journée. Vanguélis mettait toujours pied à terre plus loin, il donnait à sa bête une petite tape sur la croupe en lui disant : « C'est fini pour aujourd'hui. » L'animal tournait la tête, regardait l'homme d'un air tranquille. Au fond de ses yeux se reflétait le soleil couchant — une flamme minuscule, paisible. Sophia attendait le cheval devant la porte, elle tendait les bras, lui caressait la crinière.

A présent, sur le seuil de la maison, le compagnon fatigué de Vanguélis patientait en vain pour recevoir sa récompense. Voyant que la femme ne sortait pas, il passa la tête à l'intérieur et la regarda. Sophia se leva en soupirant et le caressa.

— Qu'est-ce qui nous attend maintenant ? monologua Maria.

Sophia plongea la main dans un petit sac d'orge qu'elle gardait près de la porte, elle en régala le cheval. Ses mâchoires se mirent à moudre les grains. L'odeur de la sueur qui séchait sur le pelage de l'animal se répandit dans la maison.

— Dieu seul le sait, Maria.

Soudain, derrière le cheval, se profila la silhouette de Vanguélis. L'homme entra, salua. Il était saupoudré de poussière de la tête aux pieds et transpirait autant que sa bête. Maria regarda ses cheveux qui avaient commencé à blanchir pour de bon, puis elle remarqua son torse nu, ses larges épaules. C'était tout ce dont elle se souvenait, depuis qu'elle l'avait vu autrefois, dans la cour du seigneur brûlante de soleil, s'évertuer à couper en vitesse le cyprès qui gisait à terre. Avant la tombée de la nuit. Avant le retour des champs des ouvriers harassés. Avant de voir surgir le patron. Tout s'était bien passé, à temps, comme il fallait. Le travail était achevé, le grand arbre n'existait plus. Seul apparaissait encore près du puits le reste du tronc scié qui émergeait à peine du sol. Et tout autour, dans la poussière de la cour, les outils éparpillés de l'homme qui s'était acharné toute la journée dans la terrible fournaise. Puis les domestiques étaient venues les ramasser, elles avaient tout balayé. Le jour tombait.

Sophia, Maria et Vanguélis se mettent à table. Avant de couper la miche, l'homme trace une croix sur le pain avec la pointe du couteau. Personne ne parle, les mots semblent s'épuiser avec la lumière. Par la fenêtre ouverte le dernier rayon de soleil glisse dans la maison, et sur le bois de la table se dessine l'ombre tremblotante d'une feuille de la treille.

— Et si on avait rêvé tout ça ? murmure Maria et ses yeux s'emplissent de larmes.

Personne ne répond. Seul le cheval, qui attend encore devant la porte une deuxième poignée d'orge, se désespère et se dirige vers l'étable.

« ... Les hommes qui étaient revenus de la guerre étaient dans un sale état. Les uns boiteux, les autres borgnes, d'autres encore avec des membres ou des doigts en moins. Je me rappelle avoir labouré un jour avec un type qui était manchot, il lui manquait le bras droit. On travaillait ensemble, je l'aidais à tenir la charrue, moi un mancheron, lui l'autre, pour qu'il puisse labourer...

Il y en avait un qui avait eu les yeux brûlés. Il a appris lui aussi à labourer sans voir. Mais la guerre lui avait laissé d'autres séquelles : il lui arrivait de délirer, il s'arrêtait en plein milieu du champ et poussait des cris, puis il s'affalait dans le sillon qu'il avait creusé, pour se protéger comme s'il était au combat. Alors sa femme venait le prendre par la main comme un gosse, il se mettait à pleurer, il laissait tomber le labour, mais nous on allait finir à sa place.

Ceux qui étaient gravement estropiés ne sortaient pas du tout de chez eux. De temps en temps leur femme les emmenait faire une balade dans une espèce de petit chariot. Une fois par mois un grand escogriffe à lunettes, une serviette sous le bras, arrivait de la ville et leur distribuait des pensions. Et on voyait des hommes qui autrefois auraient serré une pierre jusqu'à en tirer du jus, tendre la main et dire merci comme des mendiants...

Nous avions un voisin qui avait perdu la main droite à la guerre. Je voyais l'escogriffe qui venait chaque mois lui faire la charité et je me disais : tiens, voilà le monde nouveau dont parlaient les papiers qu'on nous distribuait à la guerre ; il débarque, te trouve avec deux mains, t'en coupe une, et t'envoie ensuite l'escogriffe qui te met dans l'autre quelques pièces...

C'est à cette époque que la mère de ta grand-mère est morte. Nous, on n'avait jamais remis les pieds là-bas. Au moment de mourir, elle a mis le feu à sa propriété et l'a réduite en cendres. C'était une femme très fière.

Certains disent que ce n'est pas elle-même qui l'a brûlée, mais une bonne de la maison qui est venue ensuite nous trouver au village. C'est peut-être vrai, parce qu'en ce temps-là il n'y avait pas que les seigneurs qui étaient fiers ; leurs domestiques l'étaient aussi... »

Elle décida de s'installer dans le village de Vanguélis. Elle acheta une maisonnette abandonnée, la rafistola, fit élaguer un immense figuier trop envahissant au milieu de la cour, et commanda un portillon en bois. Sa maison lui plaisait ; paisible, bien propre, au bord du chemin qui se perdait un peu plus loin à travers champs et oliviers, recouvert d'une épaisse poussière, creusé par les bêtes et les sabots des paysans.

Elle s'assit sur le perron. Le soleil déclinait, le jour se retirait, traînant derrière lui les ombres comme des voiles noirs, arachnéens. Elle se signa, remercia Dieu, puis tout se tut en elle. Elle n'avait pas envie de réfléchir, ni même de se demander qui elle était, d'où elle venait, ce qu'elle cherchait à cet endroit. Elle sentait son cœur vide, silencieux, et cette sensation lui plaisait, elle lui rappelait l'atmosphère de ces chapelles isolées dans la campagne, où le voyageur se réfugie pour la nuit ; tout autour, sur les murs, d'icône en icône, les saints déroulent des parchemins aux paroles de feu, les prophètes s'enflamment au sommet des montagnes, maudissent le monde, le menacent, mais rien ne trouble le silence. Elle ferma les yeux, comme si elle voulait retenir à jamais en elle cet instant rare, sacré. Elle savait, elle savait depuis des années que ces moments ne durent guère, ne résistent pas. Quelques secondes à peine. On peut les compter sur les doigts d'une main, parfois même c'est encore trop. Puis tout se modifie, tout s'écroule, et l'on s'efforce d'en conserver un fragment, d'en sauver quelque chose, on s'agrippe au temps qui fuit, comme la femme qui se cramponne aux épaules de l'homme pour le maintenir sur elle, qui veut garder pour toujours dans ses entrailles le plaisir qu'elle a ressenti.

Un matin, son père l'appela et lui dit : « Maria, tu es assez grande, et on est nombreux dans la famille, ça fait bien des bouches à nourrir. Prépare ton baluchon, et à la grâce de Dieu. » Elle obéit parce que c'était ainsi, parce que cela ne pouvait pas se passer autrement. Le chemin, mille fois foulé, tous le connaissaient, personne n'en avait peur. De temps à autre quelqu'un trébuchait et tombait ; ceux qui marchaient derrière lui s'empressaient de le relever et le voyage se poursuivait.

Maria dit au revoir aux siens et se mit en route. Sa mère l'accompagna un bout de chemin en lui portant son petit baluchon. Au moment de se séparer, elle lui dit : « Tu es jolie, tu n'auras pas de mal à te marier. » D'un geste simple et calme, elle montra ensuite le bas-ventre de la jeune fille, puis sa tête : « Dieu qui t'a donné l'un, t'a aussi donné l'autre. Tu auras besoin des deux. Seulement, fais attention à ne pas les confondre », ajouta-t-elle, et elle l'embrassa. Tant d'années s'étaient écoulées, et elle se souvenait toujours de ces quelques paroles, claires et nettes. Sa mère ne savait pas parler autrement, son père non plus ; leurs mots étaient comptés, comme les sous qu'ils gardaient dans une bourse sous leur matelas. Il n'y avait aucune honte à donner leur nom aux choses, leur vrai nom. Et le père de Maria le leur avait bien donné, un brûlant après-midi d'été. Il avait emmené sa fille pour avoir de l'aide au labour. Ils s'étaient ensuite allongés à l'ombre pour se reposer, faire une petite sieste. Tandis que la jeune fille dormait, son père avait remarqué pour la première fois sa poitrine, ses hanches, son beau corps bien modelé. Soudain, l'homme l'avait secouée, lui avait montré un autre coin d'ombre, plus loin : « Tu es ma fille, mais tu as commencé à devenir aussi une femme, lui avait-il dit ; va dormir là-bas. »

A présent, les souvenirs se multipliaient, défilaient sans cesse, l'assiégeaient... Assise devant sa maisonnette, Maria effleurait de ses doigts la terre, comme si elle essayait de séparer, de mettre en ordre les innombrables grains de poussière. C'est ainsi qu'elle s'était assise des années auparavant au bord du chemin, le jour où elle avait quitté ses parents. Cependant, elle n'avait pas caressé le sol, elle n'avait pas cherché à compter les grains de sable, les minuscules cailloux, comme elle faisait maintenant. Elle avait sorti de son baluchon un morceau de pain et quelques olives, mais la première bouchée lui avait laissé un goût amer. Un vieux berger qui passait par là, trouva la jeune fille immobile, les yeux tristement fixés sur la nourriture qu'elle tenait, n'osant pas continuer à manger. « Tu n'as pas faim, ma fille ? » lui demanda-t-il. Lorsque Maria lui en expliqua la raison, le vieux berger sourit et lui tapota gentiment l'épaule : « Le pain n'y est pour rien, lui dit-il, c'est le chemin ; plus tu t'éloigneras de chez toi, plus le pain que tu mangeras deviendra amer. »

Quand elle arriva dans le village du seigneur Photinos, on lui indiqua une grande maison à deux étages, construite sur une hauteur au bout du village. « C'est là-bas qu'il faut aller », lui conseilla-t-on. Les femmes avaient remarqué le beau corps de Maria, et d'un sourire entendu elles ajoutèrent : « Toi, il te trouvera tout de suite du travail, le seigneur. »

Photinos venait de seller son cheval et se préparait à partir. C'est à peine s'il se retourna pour la regarder. Tel qu'elle l'avait vu pour la première fois ce jour-là, il était resté gravé dans sa mémoire : des cheveux grisonnants, des boucles rebelles qu'il lissait tout le temps de ses mains calleuses, pleines de cicatrices. Il écouta Maria qui lui demandait du travail. Ses yeux s'arrêtèrent sur le baluchon qu'elle serrait dans ses bras, son regard sévère s'adoucit. « Qu'est-ce que tu as là-dedans ? » questionna-t-il. « Mon casse-croûte, un peu d'eau et une couverture pour la nuit », répondit Maria. « Et où est-ce que tu couches ? » « Où je trouve et où ça me plaît, patron », ajouta la jeune fille.

Lorsqu'elle entra dans sa mansarde et déposa dans un coin son baluchon, c'était le crépuscule. Elle entendit les journaliers revenir des champs, dételer les bêtes, ranger les outils, se réunir autour du puits, tirer de l'eau pour se laver, en lançant des plaisanteries… Le seigneur les rejoignit, prit part à son tour aux rires et aux jeux ; ils se poursuivaient comme des enfants, se mettaient torse nu et se bagarraient… Mais au fil du temps, les hommes de Photinos disparaissaient ; une année un ouvrier, une année un autre, engloutis par la terre inassouvie qu'ils avaient labourée toute leur existence. Le dernier d'entre eux fut le vieux Mathios, le maçon. C'était lui qui avait bâti la demeure pierre par pierre ; de ses propres mains avaient surgi les chambres, les étables, les remises. Un jour sur son échafaudage il s'arrêta net, pris d'une sueur froide, le visage blême. Les doigts crispés sur sa truelle, il cria qu'on le descende de là pour le ramener chez lui. Mathios avait bâti, bâti toute sa vie, puis l'heure était venue pour lui de s'écrouler, et il s'était écroulé. Le seigneur donna l'ordre de le mettre dans le cercueil tel qu'il était, avec son outil à la main et de la chaux sur le visage et les vêtements… Puis vint le tour de Photinos lui-même… Lorsqu'il sentit que sa fin approchait, il fit comme tous les fauves du monde : il partit de chez lui très tôt, avant le jour, s'éloigna du village, gagna les champs. C'est là qu'il voulait mourir. C'est là que deux bergers le découvrirent. Le seigneur Photinos était tombé à plat ventre, et de ses bras étendus il étreignait encore la terre. Quand ils le soulevèrent pour l'emmener, alors seulement ils remarquèrent la tige verte qui dépassait de ses lèvres ; avant de rendre l'âme, il avait arraché avec les dents une marguerite sauvage, mais il n'avait eu le temps que d'avaler la fleur…

La nuit déjà. Venant du sud, des plaines marines, s'élève la brise salée, elle répand un imperceptible duvet humide sur les dalles de pierre de la cour, sur les marches du perron. Maria s'apprête à se lever, sa main touche la surface de la pierre, mais elle se ravise, comme si elle avait peur d'achever son mouvement, comme si elle hésitait à tirer encore un filament du fond de sa mémoire…

Dans l'épaisse obscurité des temps résonne la voix du seigneur Photinos, lourde, fatiguée, mais claire :

« Maria, je m'en vais. »

Lent, pensif, le seigneur monte sur son cheval. Au lieu de faire claquer son fouet comme il en a l'habitude, il tire doucement les rênes et prend le chemin de la montagne, le regard fixé vers le soleil.

A la tombée du jour, Maria part elle aussi dans la même

direction, elle porte son petit panier comme si elle allait faire quelque commission. Lorsqu'elle l'aperçoit de loin, couché, immobile, elle ne court pas près de lui, elle ne dépose pas son panier dans l'herbe, elle n'écarte même pas les cailloux et les broussailles pour rendre le lieu plus doux à leurs amours. Elle s'arrête et observe longtemps ce brin d'herbe qui dépasse des lèvres du mort...

Depuis ce jour-là Théophanis Photinos lui apparaît souvent en rêve. Toujours à cheval, toujours dans sa fière allure, il arrive à la porte de l'au-delà, il frappe. Et quand la Mort se précipite pour lui ouvrir, le seigneur lui crache en pleine figure la fleur qu'il tient entre les dents.

« ... Après le décès de la femme du seigneur, on nous a conseillé de prendre un avocat pour réclamer la part d'héritage qui revenait à ta grand-mère. Mais nous autres, on n'était pas habitués à ça. Dans notre région il n'y avait jamais rien eu à partager, la terre ne nous appartenait pas, et celui qui ne pouvait pas vivre dans un endroit s'en allait dans un autre ; parfois meilleur, parfois pire, comme son destin le lui avait tracé.

La seule terre à nous, c'était la terre de la route, mais la route n'était à personne et comme ça on n'avait pas besoin de la partager...

Bien sûr on pensait à nos filles. Elles étaient sans dot, les pauvres ; quel homme les aurait épousées ainsi, sans le sou ? « Dieu les aidera », disait ta grand-mère. Pourtant, il n'a pas levé le petit doigt pour elles. C'est que Dieu possède tout, il ne sait pas ce que c'est la pauvreté, il ne sait pas ce que c'est une dot. Lui, il a fait un fils — béni soit son nom —, il ne peut pas comprendre. S'il avait fait des filles comme moi, on aurait bien vu...

Nous n'avons marié que ta mère, Angélique, parce que ton père n'était pas un paysan et qu'il n'avait pas besoin de terre. Quand il est venu à la maison pour demander ta mère en mariage, il m'a dit : “ J'ai de l'instruction, et celui qui a de l'instruction n'est jamais à la merci de la faim. ” C'est lui qui m'a appris à lire et à écrire. Il me montrait les lettres de l'alphabet en me disant : “ Tous ceux qui ne savent pas cultiver la terre, cultivent leur cervelle avec ça. ”

Plus tard, un peu avant ta naissance, ton père nous a installé l'électricité. C'était la première maison du village à s'éclairer avec une ampoule… »

La lampe pendait au milieu du plafond noirci de fumée, au bout d'un long cordon tressé. Autour de l'ampoule ils avaient mis un abat-jour de carton pour concentrer la lumière sur la table. Puis, les invités arrivèrent : les fils avec leurs femmes et leurs enfants, les filles qui avaient obtenu un congé de leur patron à la capitale, des voisins, des villageois, le pope de la paroisse et l'instituteur. Ils commencèrent par asperger l'installation d'eau bénite, puis ils proposèrent à Vanguélis de tourner l'interrupteur. Mais il se retira dans un coin, s'assit sur un tabouret et dit : « Moi, c'est la lumière qui m'intéresse ; l'interrupteur, j'en ai rien à faire. »

Lorsque la lampe s'alluma, personne ne souffla mot. Les yeux braqués vers le plafond, ils regardaient tous la lumière, silencieux et pensifs, comme s'ils hésitaient à se réjouir, comme s'ils craignaient que cette puissante clarté ne s'évanouît d'une seconde à l'autre, à la manière des étoiles filantes qui brillent pendant quelques instants, puis s'éteignent et disparaissent. Le fils aîné de Vanguélis, qui était charretier et transportait des pierres pour le compte des propriétaires d'une carrière, alla se placer sous la lampe, tendit les bras en avant et fit semblant de tenir la bride du cheval. « Ça éclaire mieux que la lune, dit-il, si je pouvais en avoir une pareille sur la charrette, je travaillerais aussi la nuit. » Puis, chacune à leur tour, les filles de Vanguélis essayèrent l'une de tricoter, l'autre de broder, une autre de contempler son visage dans le miroir. Le pope ouvrit son bréviaire, en lut quelques lignes, mais il s'arrêta aussitôt et leva les yeux vers l'assemblée, l'air embarrassé. « Pardonnez-moi, je ne peux pas continuer, se justifia-t-il, depuis des années et des années que je lis à la bougie et à la lampe à huile, je suis habitué à une lumière qui tremblote. »

Assis sur son tabouret, Vanguélis ne disait rien, ne faisait pas de commentaire. « La lumière c'est toujours de la lumière, murmura-t-il soudain quand on le pressa de donner lui aussi son avis ; si les choses qu'elle éclaire ne sont pas belles par nature, alors rien ne peut les embellir. » Plus tard, lorsque tout le monde fut parti, il prit Sophia par la main, la mena sous la lumière et l'observa en souriant. Puis, tandis que Sophia se préparait à se coucher, Vanguélis prit la burette et versa dans la veilleuse davantage d'huile qu'à l'ordinaire.

« ... Peut-être bien qu'on s'est privé de beaucoup de choses dans notre vie, mais vois-tu, ça ne nous gênait pas. Il nous suffisait d'avoir à la maison de l'huile pour le repas et la veilleuse. En ce temps-là, tant qu'il y avait de l'huile dans un foyer, les gens ne se disaient pas pauvres...

La lampe que nous avait installée ton père nous a éclairés pas mal de temps, mais plus tard les choses se sont gâtées, tout est devenu très cher, la lumière nous coûtait les yeux de la tête et on ne l'allumait plus tous les soirs. On s'y était pourtant habitués et ça nous manquait un peu. On s'est alors remis, comme autrefois, à dîner au coucher du soleil et à veiller dans le noir, jusqu'au moment d'aller dormir. C'est à cette époque que j'ai commencé à comprendre que la pauvreté est une chose qui ressort bien plus dans l'obscurité que dans la lumière...

Je me souviens qu'un soir, assis dans le noir, je tenais ta grand-mère par la main ; il pleuvait à seaux, il tonnait, il faisait une tempête à défoncer le monde. Et je me suis dit : c'est bon l'obscurité, c'est bon aussi la peur, tu tends la main, tu cherches ta compagne, tu la trouves, tu es rassuré. Quand il y a de la lumière autour de toi, tout te semble beau et solide, mais c'est seulement dans le noir que tu peux savoir ce qu'il en est vraiment...

Ce que je te dis là, mon gars, ne l'oublie jamais dans ta vie : éteins de temps en temps la lumière et cherche, pour être sûr, pour comprendre... »

XII

Les gens liquidaient terres et maisons et partaient pour l'Amérique, le Canada ou l'Australie. A la gare, assis sur les valises et les baluchons, ils attendaient depuis l'aube, pendant des heures, le train qui les conduirait au port du Pirée ; hommes, femmes, enfants, les villages se vidaient. Parfois, sur le quai, quelqu'un dépliait une carte qu'on lui avait donnée à l'agence d'émigration. Les autres s'agglutinaient tout autour, se penchaient au-dessus de lui pour voir les paradis lointains qui attendaient ce pauvre et misérable troupeau. Des doigts calleux touchaient sur le papier l'immensité du monde, parcouraient les mers et les océans, caressaient des contrées fertiles, des prairies à l'herbe riche et verdoyante. Les employés des agences venaient souvent dans les villages coller sur les murs des cafés une grande affiche en couleurs, divisée en deux. D'un côté, un paysan en haillons trimait comme un chien, labourait un champ plein de pierres, et de son front la sueur coulait à flots. De l'autre, vêtu comme un seigneur, frais et dispos, un homme semait. Dès qu'il jetait la semence, le champ derrière lui se couvrait de verdure et de fleurs. Au-dessus, en majuscules rouges : LA TERRE QUE VOUS AVEZ ET LA TERRE QUI VOUS ATTEND.

Puis le train arrivait. Les hommes saisissaient les baluchons, les valises et les enfants, les femmes qui allaitaient leurs bébés se dépêchaient de boutonner leur gilet et se signaient. Certains pleuraient, d'autres riaient, mais la plupart s'installaient silencieux et graves dans un coin du wagon, serraient pour s'assurer de sa présence la bourse qu'ils avaient cachée contre leur poitrine, et s'endormaient. Chaque fois, quelqu'un se ravisait au dernier moment et, sur le point de monter dans le train, il reprenait ses bagages et rentrait chez lui en ramenant sa famille. Les uns disaient que c'était sa femme qui l'avait persuadé de rester, les autres qu'il avait eu peur, et certains affirmaient avoir vu tous ceux qui changeaient d'avis se retourner et observer au loin tantôt un oiseau au-dessus de l'horizon, tantôt le clocher d'une église coiffé d'un ancien nid de cigognes à moitié détruit.

La première nuit, serrés comme des moutons sur le pont du bateau, ils se mêlaient à une foule d'étrangers : Serbes, Bulgares, Roumains, Russes et même Scandinaves. La Babel navigante avait froid, froid et faim, elle s'enveloppait de nattes et de vieux sacs, elle avait l'air de dormir, mais elle ne dormait pas — elle rêvait les yeux grands ouverts, non pas à une tour gigantesque pour arriver jusqu'à Dieu, mais à de petites maisons, humbles, tranquilles, avec un feu dans la cheminée, un repas qui fumait dans la marmite. Puis le rêve s'évanouissait, les Babéliens se retrouvaient sur le pont humide et battu par le vent, ils se parlaient par signes, par gestes, en se passant de main en main une gourde d'eau. Les femmes nourrissaient leurs bébés, les enroulaient dans des nattes et les berçaient. Peu à peu le troupeau humain s'apaisait et l'on n'entendait plus que la mer enragée qui fouettait la proue du navire.

Le soir, de retour de son labeur quotidien, Vanguélis commença à trouver la marmite vide et la table nue. Sans rien dire, il ouvrait alors sa besace et en sortait, intact, le maigre casse-croûte que Sophia lui avait donné le matin pour emporter au champ. Ils s'asseyaient et entamaient ce pauvre repas sur une table basse devant la cheminée. Desséché par l'air et le soleil, le pain était aussi dur que la pierre, mais ils se le partageaient ainsi, sans perdre une miette. Leur pitance épuisée, la faim qui les tenaillait était encore plus grande. Ils restaient là, sans parler, sans se plaindre, car ils n'avaient appris à partager ensemble que la résignation, jamais la colère, ils n'auraient pas trouvé les mots capables d'exprimer le tourment de l'affamé, la plainte du pauvre, sa révolte. A côté, dans l'étable, ils entendaient le cheval ronger le bois de sa mangeoire, tromper sa faim avec des brindilles, des feuilles sèches, et même avec son harnais. Un soir, Sophia s'oublia un bout de pain sec à la main, elle demeura un long moment silencieuse, observant d'un œil distrait les flammes de la cheminée qui dévoraient sans cesse la même bûche, s'amenuisaient, jaunissaient, disparaissaient l'une après l'autre. Tout à coup, elle tendit le pain à Vanguélis pour lui en donner la moitié, mais le morceau était si petit qu'il s'émietta quand ils le rompirent, et leurs doigts se serrèrent pour sauver les miettes.

Ils allaient souvent tenir compagnie à Maria. Ils s'installaient sur le seuil et bavardaient au rythme du jour qui fuyait ; plus le soleil baissait et approchait du couchant, plus leurs paroles diminuaient, plus les silences se prolongeaient. Puis, au crépuscule, leur regard cheminait vers le lointain, errait dans des champs abandonnés, livrés aux broussailles, dans un potager encore invendu qui survivait grâce à ce premier puits, le seul que Yorghis avait réussi à ouvrir dans leur village. Attelé à la roue, les yeux bandés pour ne pas avoir le vertige, un vieux cheval efflanqué tirait, tournait, tournait toujours, il croyait marcher sur une route et il avançait, il avançait sans cesse. Au coucher du soleil, quand la profonde citerne était bien remplie, son maître allait le détacher, lui passait au cou un sac d'avoine et l'animal se mettait à mastiquer, tout en traçant par habitude des cercles autour de son écurie.

Un soir, assis sur le seuil de chez Maria, Vanguélis se pencha vers Sophia et lui dit :

— Et si on partait nous aussi ?

Elle fit semblant de ne pas comprendre :

— Il est tôt encore, le soleil vient juste de se coucher, répondit-elle.

Vanguélis baissa la tête et regarda la terre devant ses pieds :

— Je veux dire... si on s'en allait nous aussi avec les autres, ajouta-t-il.

Il lui sembla que Sophia n'avait pas entendu — oui, peut-être bien qu'elle n'avait pas entendu. Ce devait être à cause de ces interminables grincements qui sortaient du ventre de la noria. Soudain le calme se répandit. Un paysan qui passait par là avait eu pitié de la bête épuisée, il lui avait enlevé son bandeau et donné une petite botte de paille à manger.

— A tourner comme ça depuis tant d'années, cet animal a sûrement dû arriver au bout du monde, murmura Sophia, l'air songeur.

— Le village se vide, ils partent tous, continua Vanguélis.

Au loin, la noria se remit à grincer, les seaux montaient et descendaient, l'eau coulait dans la citerne. Le cheval tournait, ne cessait de tourner, les yeux de nouveau bandés, mâchonnant une dernière bouchée de paille.

— Au fait, c'est quand notre tour d'arroser ? demanda Sophia.

— Cette semaine.

— Qu'est-ce qu'on a planté dans notre lopin ?

— Du blé, comme l'année dernière.

— Dieu nous le bénisse, qu'on ait un peu de pain à manger cette année aussi.

Tout autour du puits, jusqu'à l'horizon, régnaient la solitude et l'abandon. Lourdes et immobiles, pareilles aux paupières d'un mort, les feuilles des arbres se mêlaient une à une à l'obscurité.

Vanguélis regarda les terres incultes, il hocha la tête avec tristesse :

— A quoi bon sa bénédiction, murmura-t-il, puisqu'il n'y a plus de mains pour la semer...

« … Des familles entières vendaient leurs biens, abandonnaient leur village et débarquaient à Athènes. Des milliers de gens cherchaient à partir pour l'Amérique, mais on ne prenait pas tout le monde, et ceux qui ne réussissaient pas à s'embarquer se mettaient au coin des rues et tendaient la main. Le soir, la ville grouillait de mendiants…

C'était à te fendre le cœur : tu voyais de grands gaillards baisser la tête comme de pauvres diables et implorer un bout de pain, une pomme de terre, quelques sous… C'étaient surtout les hommes qui mendiaient, la plupart des femmes avaient honte, elles n'y étaient pas habituées. Elles, tu comprends, elles n'étaient pas allées à la guerre pour apprendre à courber la tête et à obéir comme des chiens, à avaler la nourriture que tu leur donnes et à te lécher la main.

On nous répétait qu'on l'avait gagnée, cette guerre. Et je me disais : si nous, les vainqueurs, on est si misérables, figure-toi dans quel état doivent être les vaincus ! Pourtant, des années plus tard, à la guerre de quarante, j'ai vu les vaincus revenir avec des canons et des avions, et j'ai compris alors qu'ils ne devaient pas être si vaincus qu'on nous le disait… »

Elle se levait la première, avant l'aube, allumait le feu et faisait un peu de thé. Plus tard, lorsque le thé disparut, elle allait ramasser de la sauge dans les champs. Si la sauge même venait à lui manquer, elle faisait chauffer un bol d'eau, ajoutait une petite pincée de sucre et l'avalait. Puis, elle enfilait une vieille jupe de gros drap rêche et préparait les outils et le cheval. Quand Vanguélis sortait dans la cour, Sophia l'attendait déjà dans la charrette, les rênes en main.

La première fois qu'il la trouva ainsi, il lui avoua qu'il avait honte ; si les paysans les voyaient, ils crieraient partout que Vanguélis emmenait sa femme au champ pour la faire trimer comme une esclave. Sophia haussa les épaules, montra les maisons abandonnées, les cours enfouies sous les herbes, les portes verrouillées, les volets qui pourrissaient lentement et penchaient sur leurs gonds telles des ailes brisées : « Voilà quelle est la vraie honte », répliqua-t-elle.

Il s'habitua à la voir à ses côtés, dans la charrette, sur le chemin avec les outils sur l'épaule, dans le champ, s'enfoncer jusqu'aux genoux dans la terre labourée, manier la fourche, la faucille, la pioche. Rien ne l'arrêtait, rien ne la faisait fléchir ; la pluie, la chaleur, le froid, la grêle arrivaient-ils ? Ils la trouvaient debout. Repartaient-ils, qu'elle était encore debout, trempée jusqu'aux os ou ruisselante de sueur. Elle se retournait, regardait Vanguélis qui travaillait près d'elle et lui disait : « Allons, encore un peu et on va s'asseoir pour manger. » Ils repéraient un arbre ou s'abritaient sous la charrette, se partageaient une pomme de terre, quelques olives, buvaient à leur gourde une gorgée d'eau et se remettaient à l'œuvre. Souvent, au milieu de la nuit, les paysans distinguaient une lumière qui tremblait, avançait, s'arrêtait un instant, puis reprenait sa marche, et de temps en temps ils entendaient tinter une clochette de cheval. « C'est Vanguélis et Sophia, disaient-ils, la journée ne leur suffit pas, ils se battent aussi la nuit avec la terre. »

Leur modeste lopin, ils le creusaient toujours plus profond, avec toujours plus d'acharnement, leurs outils s'échauffaient, le cheval se fatiguait, mais pas eux. Ils fabriquèrent une cabane au bout du champ, et tant qu'il ne pleuvait pas, tant que le vent ne soufflait pas, ils dormaient là, à même le sol, emmitouflés dans une couverture. Quand la première lueur du jour s'infiltrait entre les roseaux de la cabane, elle découvrait les cheveux de Sophia mêlés à la barbe de Vanguélis — broussailleuse, pleine de terre, comme des ronces enchevêtrées au bord d'un chemin perdu. Au lever du soleil, ils étaient déjà debout, au milieu du champ ; au début les oiseaux les prenaient pour des arbres et n'en avaient pas peur, mais quand ils les voyaient se pencher, saisir les pioches et se mettre au travail, ils s'effrayaient, allaient se poser plus loin et les regardaient, ébahis.

Un jour, comme Vanguélis et Sophia labouraient, le cheval heurta du pied une pierre cachée et se blessa. Ils appelèrent le maréchal-ferrant qui examina la blessure et conclut qu'il fallait attendre un mois avant que la bête pût reprendre le labour. Ils s'apitoyèrent sur le sort du cheval, ils s'apitoyèrent sur tous leurs efforts, mais plus encore sur le champ à moitié labouré et sur les deux sacs de grain qu'ils avaient achetés en s'imposant mille privations. Ils voulurent emprunter un cheval, mais personne n'en prêtait plus ; rares étaient les bêtes qui subsistaient au village, c'était le temps des semailles, chaque paysan avait ses tracas. Ils essayèrent alors de continuer le labour à la pioche, mais en vain : le sillon n'était pas assez profond et le travail n'avançait pas vite. Désespérés, ils s'assirent dans un coin du champ, la détresse au cœur, prêts à flancher, à laisser tomber, à partir chercher du travail chez les grands propriétaires, chez les riches. Un paysan qui passait par là vint s'asseoir et bavarder avec eux, il les consola :

— Dieu est là, dit-il. Il aura pitié de vous comme il a pitié de tous les hommes et il vous aidera.

— Il ferait bien de descendre labourer, railla amèrement Sophia.

— Ne blasphème pas. Dieu aide tout le monde, à sa façon.

Tout à coup, Sophia le regarda comme si une pensée étrange et salutaire lui était venue à l'esprit :

— Toi, demanda-t-elle, tu veux bien nous aider ?

— A quoi est-ce que je peux vous servir, pauvre de moi ? Je suis sans le sou comme vous, je n'ai pas de cheval.

— Le cheval, on en trouvera un, ne t'en fais pas, c'est de tes bras qu'on a besoin pour finir le labour et semer. Et je t'en donne ma parole, tu mangeras toi aussi de notre pain.

Elle ne lui laissa pas le temps de répondre. Elle se leva d'un bond et fit signe à Vanguélis de la suivre. Elle enleva en vitesse le collier du cheval, en improvisa un autre avec une couverture et du foin, le ficela solidement avec de la corde et se le passa autour du corps pour essayer.

— A nous de tirer la charrue, dit-elle à Vanguélis.

Ahuris, les deux hommes s'efforcèrent de l'en dissuader, lui disant qu'elle allait se rompre les reins, qu'elle risquait de rester infirme, que c'était de la folie. Mais Sophia faisait la sourde oreille, elle n'avait pas peur pour ses reins. Rester infirme ? Peu lui importait. Pourvu seulement que le travail soit terminé, la terre ensemencée, que le grain ne se perde pas, leur assure le pain pour cette année encore.

Elle avait déjà ceint son attelage de fortune, l'avait attaché à la charrue avec deux cordes et attendait. Vanguélis passa le collier du cheval et le harnais autour de lui et cria à leur nouveau compagnon qui les regardait interloqué, de diriger le soc pour commencer à labourer.

Aujourd'hui, quelque cinquante ans après, on raconte encore l'histoire de Vanguélis et de Sophia qui s'étaient attelés à la place de leur cheval blessé. On évoque l'acharnement du couple dans la misère, sa faim et son dénuement extrême, la vieille jupe en lambeaux de la femme, ses pieds nus qui s'enfonçaient dans les sillons, butaient contre les pierres et saignaient. Et tout le monde se souvient de la cabane de roseaux dressée dans un coin du champ, qui permettait au couple de travailler aussi la nuit, en s'éclairant avec un falot :

« On voyait au loin une lumière se déplacer et se perdre dans la nuit, on avait l'impression qu'on était au bord de la mer et que quelqu'un pêchait au lamparo. Mais c'étaient Vanguélis et Sophia qui éclairaient la terre et creusaient. »

Tout le monde compatissait à l'infortune qui les poursuivait, on leur donnait à manger ce qu'on pouvait :

« Bien peu de choses ; une pomme de terre, quelques olives, un morceau de pain, notre superflu. Très souvent ils refusaient, ils disaient qu'ils n'avaient pas faim. C'étaient des gens fiers, ils ne voulaient pas de notre pitié. »

Ce n'était pas seulement par charité et par pitié. Ils les voyaient là jour après jour, nuit après nuit, se battre tout seuls, sans broncher, sans fléchir, car ils ne voulaient pas s'humilier en implorant le secours des autres. A les voir ainsi, les villageois se remémoraient les temps jadis, les temps perdus, ils les prenaient pour des divinités chthoniennes déchues, qui luttaient pour survivre dans un monde où régnaient de nouveaux dieux, mais qui n'acceptaient pas de se prosterner devant leurs successeurs.

« Et puis leur cheval s'est blessé, il ne pouvait plus travailler. D'autres à leur place se seraient désespérés, auraient renoncé. Pas eux ; ils ont laissé le cheval se reposer, guérir, et ils se sont attelés à sa place… Que des gens portent le harnais et arrivent à tirer la charrue, on n'aurait pas cru ça possible. »

L'affaire se répandit dans tout le village, et même plus loin encore. A la tombée du jour, une fois leur besogne achevée, les paysans passaient exprès par là pour voir Vanguélis et Sophia labourer. Ils les regardaient et se signaient. Trempés de sueur, couverts de terre, les dents serrées, l'homme et la femme creusaient, tiraient côte à côte. La charrue avançait lentement, difficilement, le soc heurtait la caillasse et s'arrêtait. Alors, Vanguélis et Sophia se collaient l'un à l'autre, se tenaient par les épaules, leur courage et leurs forces redoublaient, et d'un mouvement sec ils déracinaient la pierre et continuaient.

« Il leur a fallu pas mal de jours pour pouvoir terminer, et quand à la fin ils sont rentrés chez eux, les cordes et le licou leur avaient laissé des plaies, leurs vêtements étaient devenus des haillons… Un dimanche, ils sont venus à l'église pour la messe, ils ont embrassé les icônes et communié, on les voyait qui pleuraient. »

Comment ne pas pleurer… Pour une année encore ils auraient du pain, pour une année encore ils ne tendraient pas la main, ils ne guetteraient pas l'escogriffe à la figure jaunâtre qui venait de temps à autre d'Athènes distribuer l'aumône de l'État aux pauvres. Le plus dur était passé. Désormais, ils pourraient résister à toutes les famines, à toutes les soifs du monde. Ils dresseraient chaque soir leur modeste table, sachant la moindre miette de pain liée à leur peine, à leur sueur, chaque bouchée leur rappellerait le champ qu'ils avaient labouré ensemble, attelés eux-mêmes à la charrue.

XIII

Le camion était arrêté au milieu de la route. A moitié enfoui sous le capot ouvert, le chauffeur bricolait le moteur en jurant. A l'arrière une quinzaine de détenus — les arrestations s'étaient multipliées ces derniers jours, le régime se durcissait, les camps et les prisons dans les îles étaient pleins à craquer.

Sur la plate-forme du véhicule les hommes étaient assis tout autour sur un banc de bois. Un gendarme les surveillait, mitraillette en main. Sous les rayons farouches et verticaux du soleil de midi, la chaleur était intenable. Pour essuyer la sueur qui ruisselait de leur front, les détenus levaient les deux mains ensemble, car on leur avait passé les menottes. A l'avant, qui était décoré de lauriers ct de petits drapeaux, un officier sortait de temps à autre la tête de la cabine et criait quelque chose au chauffeur qui farfouillait dans le moteur. Mais l'autre ne répondait pas. Tout juste tendait-il le cou hors du capot pour cracher bruyamment le cambouis qui se mêlait à sa sueur et lui entrait dans la bouche, puis il continuait son travail.

Un peu plus loin, dans son champ, Vanguélis creusait, mais il s'arrêtait tout le temps, comme pour reprendre haleine, et regardait à la dérobée vers le camion. Soudain, il lui sembla qu'un prisonnier lui rappelait quelqu'un. L'homme avait de longs cheveux noirs, des sourcils épais, broussailleux, et sous l'intense soleil de la mi-journée la peau de son visage paraissait façonnée avec du feu et du fer. Quand brusquement le détenu se tourna pour jeter un coup d'œil vers le champ, Vanguélis le reconnut ; c'était Markos, le maréchal-ferrant du village. « Pourquoi ont-ils arrêté ce pauvre Markos ? songea-t-il, il n'a jamais fait de mal à personne ; voit-il une malheureuse fourmi, qu'il se baisse pour l'aider. »

Quelques jours auparavant il était allé à sa forge demander un onguent pour le cheval et faire mettre de nouveaux cerceaux autour des roues de la charrette. Comme toujours, Markos se démenait avec ses pinces et ses marteaux, au milieu des fumées. Lorsqu'il levait la tête pour savoir qui entrait, son visage noirci avait l'air sauvage, tourmenté, comme s'il était fait du plus dur, du plus vieux morceau de fer de sa forge. Mais ce n'était qu'apparence. En l'observant de près, on comprenait que c'était la faute des flammes du fourneau, du métal incandescent et des copeaux de fer qui jaillissaient de l'enclume, lui grillaient la peau, lui entaillaient la chair. Tous les outils du village étaient passés par ses mains habiles. Comme les pioches des paysans qui s'usaient peu à peu et se retrouvaient mêlées à la poussière de la terre, ainsi s'usait le corps du forgeron, sa sueur rejoignait dans le sol du champ tous les autres éléments du labeur humain.

Ils avaient parlé comme chaque fois de la vie qui devenait de plus en plus chère, de la faim et de la misère, des gens qui en avaient assez et quittaient le pays, de ceux qui profitaient de l'occasion pour s'approprier les maisons et la terre des pauvres. Soudain, tandis qu'il battait le fer chauffé à blanc, Markos s'était arrêté net, il était resté le marteau en l'air : « Tout ça va bientôt changer, sache-le, avait-il dit. Un jour viendra où chaque homme sera récompensé pour sa peine. » Il avait donné encore deux coups de marteau avant de poursuivre : « Pour le moment il faut patienter, les temps sont durs, mais notre heure viendra. »

Markos n'était pas du pays ; il était arrivé des années auparavant, réfugié comme des milliers d'autres Grecs, des montagnes d'Anatolie. Il disait que lorsqu'il se trouvait encore sur sa terre natale, il lui était parvenu des nouvelles d'un autre pays, pas très lointain, où vivaient des millions de déshérités, de pauvres et de persécutés. Ils avaient souffert pendant des années et des années, des siècles entiers, expliquait le forgeron, jusqu'au jour où ils s'étaient révoltés, avaient dépossédé les riches de leurs domaines, tué les patrons, se débarrassant une bonne fois pour toutes des gros ventres repus qui les gouvernaient. A présent, ils avaient du pain et mangeaient à leur faim. Ce pays-là s'appelait la Russie, et le chef de cette foule de pauvres diables révoltés était un petit bonhomme aux yeux bridés de Mongol, nommé Lénine. Maintenant il était mort, mais les opprimés du monde entier le vénéraient comme un saint, ils venaient des quatre coins de la terre pour s'agenouiller devant son tombeau.

Voilà comment Vanguélis avait pour la première fois entendu parler de la Russie, de Lénine et de la révolution d'Octobre. Parfois, en pleine besogne, sentant la faim lui vriller les entrailles, il allait dans un coin du champ et sortait de sa musette son maigre casse-croûte. Il mangeait debout, les oiseaux l'entouraient, à l'affût de quelque miette, et Vanguélis voyait se refléter dans leurs yeux ronds toute l'injustice, toute la misère du monde, son cœur se serrait. Il se demandait souvent, depuis le jour où Markos lui avait parlé de la Russie, si dans la patrie de Lénine les oiseaux trouvaient à présent plus de miettes qu'auparavant pour apaiser leur faim, et si leurs yeux avaient cessé d'être tristes. Lorsqu'il posa la question à Markos, le forgeron le regarda un instant l'air pensif, puis il lui donna une tape amicale dans le dos : « Tu es un brave type, Vanguélis, lui dit-il, et j'ai l'impression que tu vois plus loin que nous, plus loin même que Lénine. »

Vanguélis s'approcha avec précaution du camion.

Le chauffeur bricolait toujours, il tardait, les détenus se protégeaient comme ils pouvaient du soleil qui les harcelait, ils se blottissaient sous le banc comme des chiens, ils avaient soif. Vanguélis montra à l'officier la gourde qu'il tenait :

— Je peux leur donner un peu d'eau ? demanda-t-il.

— Pourquoi ?

— Parce qu'ils ont soif.

L'officier se mit à rire :

— Si tu n'étais pas un paysan, tu saurais.

— Je saurais quoi ?

— Que ce sont des cocos ; et les cocos ne boivent pas de l'eau mais du sang.

Vanguélis fit mine de ne pas comprendre, il avait son idée. Il montra de nouveau la gourde :

— Je peux leur en donner ?

— Fais ce que tu veux, répondit l'autre, abruti par la chaleur.

Vanguélis grimpa sur le camion.

N'y tenant plus, un jeune homme saisit la gourde, avala en vitesse quelques gorgées, puis la passa à ses compagnons. Vanguélis remarqua ses yeux : immenses, étincelants comme dans un accès de fièvre, comme fascinés par le plus grand rêve du monde, la vision de ce petit bonhomme aux yeux bridés de Mongol qui avait soulevé les traîne-misère de son pays pour en faire une armée invincible.

Sur un coin du banc, Markos gardait la tête baissée :

— Tu es fou de faire ça, chuchota-t-il à Vanguélis quand il s'approcha de lui.

Vanguélis regarda les détenus : comment était-ce possible, songea-t-il, que des hommes costauds, pleins de santé, dans le bouillonnement de la jeunesse, restent assis là, les mains liées, disciplinés et sages comme des fillettes ? Est-ce qu'il se comportait comme ça Lénine, le petit Mongol à la casquette et au poing levé ? Était-ce ainsi qu'il avait pu mener les affamés à la révolte ? Était-ce donc vrai ce que Markos lui avait dit un jour : « La pauvreté fait courber le corps de l'homme, mais elle lui redresse l'esprit » ?

Il se souvint tout à coup de la Grande Guerre. Il avait vu tant de soldats aller mourir la tête haute, pour les retrouver peu après glacés et livides sur sa charrette, les yeux déjà rongés par les vers…

— Va-t'en, Vanguélis, va-t'en je te dis, fit Markos à voix basse.

Vanguélis ne l'écouta pas. Il jeta à la ronde un coup d'œil rapide, aperçut son cheval qui broutait non loin de là, réfléchit, combina son plan :

— Moi je fais la causette à l'officier, murmura-t-il, toi tu te débrouilles avec le gendarme, tu sautes sur le cheval et tu files... Va chez moi, Sophia te cachera et ce soir on verra...

En deux signes, Markos avertit ses camarades de ce qui allait se passer. Ils lui sourirent, l'encouragèrent. Au moment où Vanguélis descendait du camion, le forgeron en profita pour se déplacer vers la ridelle arrière, à proximité du garde. Vanguélis engagea la conversation avec l'officier ; sur la chaleur qu'il faisait, sur la panne du moteur, sur les détenus. « Ce sont des communistes, ils n'ont pas besoin de boire, lança soudain l'officier. S'ils veulent se rafraîchir, qu'ils aillent dans leur pays, la Russie. »

Markos bondit à terre. Le garde n'eut pas le temps de réagir, le forgeron le plaqua contre le camion, un autre détenu se pencha et lui serra le cou avec la chaîne qui reliait ses menottes. Markos se précipita vers le cheval. Il connaissait bien son caractère, il l'avait si souvent soigné et ferré... L'animal n'eut pas peur ; il reconnut le maréchal-ferrant et resta immobile pour permettre à l'homme qui avait les mains attachées de monter plus facilement.

Sur le camion les autres détenus s'enhardirent, s'agitèrent, prêts à sauter à leur tour pour s'évader, mais l'un d'entre eux leva la main :

— Non, camarades, dit-il. Nous n'avons pas encore reçu les instructions du parti.

Ils se rassirent tous sur leur banc.

« ... J'ai aidé notre forgeron parce que je ne supportais pas de le voir les mains liées. C'était lui qui nous fabriquait les outils dont on avait besoin pour gagner notre pain... C'était un type costaud, un vrai colosse, mais il avait bon cœur et il faisait tout ce qu'il pouvait pour nous.

Au début, je ne savais pas ; c'est plus tard que j'ai appris qu'il était communiste. Il se battait, disait-il, avec ses camarades pour supprimer la misère, déposséder les riches et donner leurs richesses aux pauvres. Seulement, il y avait une foule de pauvres, une poignée de riches et encore moins de communistes.

Quand j'ai vu notre forgeron les mains attachées, je me suis dit : c'est pas possible ! Ils ont peur du pauvre Markos ? Lui, il ne sait que battre le fer. Mais avec le fer tu peux fabriquer ce que tu veux : tu veux une pioche, tu fais une pioche ; tu veux une pelle, tu fais une pelle. Par contre, la caboche des gens c'est une autre paire de manches. Personne n'a jamais réussi à faire ce qu'il veut avec ça. Tu veux fabriquer tel homme, et c'est un autre qui sort… Alors, pourquoi avaient-ils peur de Markos et de ses camarades ?… »

Lorsque Markos quitta ses montagnes d'Anatolie, la foi qu'il avait dans le parti ressemblait à ces arbres solitaires et sauvages qui poussent sur une terre âpre et rocailleuse ; leurs racines s'enfoncent profondément, cherchent, saisissent et sucent les rochers souterrains, se consolident de plus en plus. Pieds nus, déguenillé, le baluchon de l'exil sous le bras, le forgeron marchait silencieux et pensif, il tendait l'oreille, écoutait les souffrances et les chagrins des hommes, il ne pouvait se permettre le luxe du doute. C'était comme si les camarades lointains du nord lui avaient mis un sabre dans les mains et lui avaient dit : « Frappe, toi aussi, avec les autres, frappe et ne pose pas de questions. Les questions, c'est bon pour ceux qui ont le ventre plein, qui portent des chaussures et se promènent sur l'herbe tendre de leur jardin… Toi tu as l'estomac vide, tu vas pieds nus ; regarde derrière toi et tu verras que tes pas laissent sur la terre des traces de sang. »

Des centaines de kilomètres, de jour en jour, de nuit en nuit, depuis les lointaines montagnes du Caucase jusqu'aux rivages d'Asie Mineure où les réfugiés embarqueraient pour traverser la mer Égée. Les yeux de Markos furent saturés de malheur et de misère, ses oreilles de lamentations, l'âme du forgeron était en deuil, mais elle ne pleurait pas. Chaque fois que ce peuple de déracinés s'arrêtait quelque part pour reprendre haleine, Markos grimpait sur un rocher et criait : « Courage, mes frères, ne désespérez pas, l'heure du pauvre viendra, sachez-le. » Lorsqu'il entendait les popes psalmodier, consoler à leur tour les gens, lever la croix en invoquant le Christ, le forgeron se plaçait à côté d'eux, mais au lieu de la croix, il levait le poing.

Les troupeaux humains passaient la nuit tantôt dans des églises en ruine ou des écoles abandonnées, tantôt au milieu du chemin, prêts à repartir s'ils apprenaient qu'un détachement ennemi approchait. Alors, Markos allait de l'un à l'autre, à la recherche des camarades inconnus dispersés dans la foule. En ce temps-là les communistes se reconnaissaient entre eux comme les premiers chrétiens ; par un bout de phrase, par un geste symbolique, à la façon dont ils se mêlaient à une discussion politique qui s'engageait près d'eux.

Exténués par la marche continuelle, les camarades se blottissaient dans un coin avec d'autres errants, pour entamer à voix basse une inlassable conversation. En pleine guerre, en pleine désolation, tandis qu'autour d'eux régnait la douleur, ils fondaient en eux des mondes meilleurs, pacifiés, où les gens ne se battaient plus pour un bout de terre, où il n'existait plus de déracinements, d'exils, de tortures, plus de derviches et de popes fanatiques pour soulever les foules, jeter de l'huile sur le feu, inciter les peuples à se massacrer.

Plus tard, dans la nuit épaisse et inquiétante, pendant que les camarades dormaient, le petit bonhomme à la casquette et aux yeux de Mongol leur apparaissait en rêve et leur donnait du courage.

Caché dans l'étable de Vanguélis, Markos réfléchissait, il évaluait les dangers, tels qu'il les connaissait d'après les récits des plus anciens camarades, il se rappelait les conseils de ceux qui étaient rompus au jeu de la clandestinité. Il attendrait les instructions du parti, comme on le lui avait dit au moment où il avait sauté du camion : « Nous te contacterons dans une quinzaine de jours. Allez, bonne clandestinité. » Sans cela, il prendrait à son tour le maquis, comme tant d'autres l'avaient fait avant lui, chaque fois que les crève-la-faim levaient la tête ; les militaires sortaient alors des casernes en tenue de campagne et s'installaient au pouvoir pour « sauver la nation en danger ». Les clandestins se retrouvaient tous ensemble dans la solitude et la nuit des montagnes, dans des bergeries abandonnées, dans des chapelles délabrées. Ainsi, à chaque crise, à chaque dictature, ils se connaissaient davantage, ils fraternisaient, signaient un tas de papiers et de déclarations, bâtissaient en paroles des mondes libres. Entre-temps, en bas dans les villes, les autres bâtissaient des prisons, préparaient eux aussi leurs propres mondes, plus réels que ceux de la montagne et du rêve.

Tard dans la nuit, Vanguélis pénétra avec précaution dans l'étable et rassura le forgeron : pour le moment, il n'y avait pas de danger. Dès qu'il avait compris ce qui s'était passé, l'officier avait demandé aux détenus de l'aider à hisser sur le camion le gendarme évanoui. Puis, quand le chauffeur eut réparé le moteur, ils s'étaient remis en route comme si de rien n'était.

— Dis-moi, les autres, pourquoi est-ce qu'ils n'ont pas foutu le camp ? demanda Vanguélis. L'officier était tout seul, qu'est-ce qu'il pouvait faire ?

— Nous devons attendre les instructions.

— Attendre ? Ils vont vous cueillir un à un comme des escargots !

— On n'est pas une pétaudière, mais un parti. Chacun ne peut pas en faire à sa tête, répondit brusquement Markos.

— Alors pourquoi tu as filé, toi ? remarqua Vanguélis.

Le forgeron mit du temps à répondre. Au fond de l'étable on entendait le cheval qui mastiquait son foin et soufflait fort chaque fois que lui parvenait la voix de son maître.

— Je ne sais pas, finit par murmurer Markos. Je ne sais pas ce qui m'a pris... Je t'ai vu dans le champ en train de travailler, j'ai vu ton cheval... Ça fait des années que je vous vois entrer dans la forge... Ces choses-là, personne ne peut les expliquer, pas même le parti... Bon, assez parlé de moi. Et toi ?

— Quoi, moi ?

— Pourquoi est-ce que tu m'as aidé à filer ?

Vanguélis soupira :

— Je ne pouvais pas te voir comme ça, les fers aux mains.

— On porte tous des fers.

— Peut-être... Mais les tiens m'ont paru plus lourds que les autres.

Markos voulut tendre les mains, toucher son ami, la chaîne qui reliait les menottes cliqueta.

— Allons à la maison te les enlever, dit Vanguélis.

Sophia avait préparé à manger et attendait. Lorsqu'elle vit entrer les deux hommes, elle décrocha la lampe du mur et la posa dans un coin de la pièce pour empêcher les ombres de se projeter sur la fenêtre :

— Quelqu'un peut passer sur la route, nous apercevoir et comprendre, expliqua-t-elle. Les mouchards sont comme les champignons, ils poussent dans le noir.

Le forgeron s'agenouilla devant la cheminée, il tendit sur une bûche la chaîne de ses menottes. D'un coup de maillet Vanguélis la brisa, puis Markos acheva tout seul le travail.

— Qu'est-ce que tu as l'intention de faire ? demanda Vanguélis.

— Me planquer et attendre quelques jours. Les camarades savent où je suis, ils m'enverront un message.

— Et ensuite ?

— On verra.

Vanguélis hocha la tête. Ce « on verra », il l'avait si souvent entendu dans sa vie… Surtout pendant la Grande Guerre, quand les généraux de l'état-major visitaient le front, bien rasés comme s'ils allaient au bal, des galons rouges et argent sur le képi, la poitrine bardée de décorations. Ils choisissaient la tranchée la mieux protégée et observaient dans leurs jumelles les positions ennemies. Puis ils buvaient du café, dépliaient les cartes et montraient aux officiers subalternes les hauteurs difficiles qu'il fallait occuper. « Il faut les prendre coûte que coûte, disaient-ils, ensuite on verra. » Le lendemain, on distribuait aux soldats une double ration, deux paquets de cigarettes, et on les envoyait au casse-pipe.

Après l'attaque, les premiers à se rendre sur le terrain étaient Vanguélis et Yorghis. La terre était parsemée de cadavres, éclaboussée de sang. Sur les rochers, aux branches des arbres, pendaient comme dans une boucherie des poumons, des boyaux, des cervelles, des lambeaux de chair.

— Ça fait des années que ça dure le « on verra », Markos… En attendant, les gens se font tuer et torturer pour rien.

Le forgeron frotta ses poignets bleuis par les menottes :

— L'homme ne se fait jamais tuer pour rien. La liberté est un arbre qui met du temps à pousser, mais qui pousse toujours, répondit-il.

Vanguélis prit une petite branche et se mit à remuer les cendres du foyer :

— Moi je m'y connais en arbres, autant que tu t'y connais en fer. Tous les arbres s'arrosent avec de l'eau, mais celui dont tu parles demande du sang — et le sang, Markos, ce n'est pas de l'eau, ça coule dans les veines de l'homme.

Le forgeron ne répondit pas. D'autres voix, lointaines, ressuscitaient en lui des souvenirs qui l'avaient suivi depuis les régions du Caucase, de montagne en montagne, de plaine en plaine, mêlés au vent et à la poussière que soulevaient les pieds fatigués et traînants de ceux qui fuyaient. Des lamentations sans fin s'élevaient, les réfugiés imploraient le ciel de retenir sa pluie, de garder sa neige, qu'ils puissent au moins arriver jusqu'à la mer.

Et personne ne savait, personne ne se préoccupait de savoir où on les emmenait, dans quelles contrées, dans quelle nouvelle patrie. « Vite » ! Voilà tout ce qu'ils savaient, voilà tout ce qu'ils disaient — l'injustice du monde les poussait, les emportait comme les feuilles mortes en automne, qui n'ont d'autre but ici-bas que de trouver un coin de terre où s'étendre et pourrir en paix.

« … Nous l'avons caché pas mal de temps à la maison, Markos. Je lui apportais à manger le soir, à l'étable — c'était là qu'on le gardait. On restait des heures à discuter là, dans le noir…

Un jour, je travaillais au champ, quand un type que je n'avais jamais vu s'approche et me met dans la main un petit bout de papier pas plus grand qu'un timbre. “ Donne-le au forgeron ”, qu'il me dit. Rien qu'à regarder ça, j'avais la trouille. Dieu sait, je me disais, dans quel nouveau pétrin va se fourrer Markos avec ce truc-là…

Je suis allé à l'étable et je le lui ai donné. “ Ça vient du parti, me dit-il ; va me chercher une loupe, les lettres sont trop petites pour que je puisse les lire. ” Comment est-ce que j'aurais trouvé une chose pareille à la maison ? Qu'est-ce que j'aurais bien pu regarder à la loupe ? Tel que je le voyais à l'œil nu, le monde me suffisait.

Comme on n'a pas trouvé de loupe, je suis allé emprunter un verre à une voisine. On l'a rempli d'eau et Markos a pu lire en le passant sur les lettres qui étaient minuscules comme des puces… »

En prison, isolé dans sa cellule, le camarade taillait d'abord avec soin un crayon à la mine dure. Pour savoir si la pointe était assez fine, il l'appuyait légèrement sur ses lèvres. Puis il se mettait à plat ventre pour ne pas se fatiguer, et commençait à écrire. Il écrivait lentement, très lentement, sans lier les lettres, pour rendre les corrections plus faciles. Pour effacer, il imprégnait de salive un peu de mie de pain, la modelait en une toute petite boulette et la collait au bout d'une allumette. C'était sa gomme.

Le minuscule papier entreprenait ensuite un long et difficile voyage, de cellule en cellule, d'une prison à l'autre, il parvenait même dans les villes et les campagnes, jusqu'aux cachettes où se planquaient les dirigeants du parti qui avaient échappé aux arrestations. Souvent, collé sous l'étiquette d'une boîte d'allumettes, il voyageait d'île en île, faisait le tour des camps de déportation disséminés dans la mer Égée. Ces pérégrinations secrètes duraient des semaines, parfois même des mois entiers. Connaissant le système, les autorités redoublaient de vigilance. Lors des visites, on procédait à une fouille minutieuse, on déshabillait les gens, on regardait partout, même dans les parties les plus intimes de leur corps. Malgré tout, le morceau de papier réussissait toujours à échapper aux contrôles, à circuler de main en main, de prison en prison, de camp en camp. C'est ainsi que siégeait le comité central du parti, dans le respect des formes, avec un secrétaire et un président ; la discussion s'enflammait de cachot en cachot, pour un mot, pour un adjectif, pour un slogan. Même si les interlocuteurs ne se voyaient pas, même s'ils étaient séparés par des centaines de kilomètres, par des montagnes et des mers. Ils élaboraient chaque phrase inlassablement, ils se querellaient pour une virgule ou pour un point — non pas pour la virgule ou le point, mais pour les conséquences qui se dissimulaient derrière : déportations, tortures, exécutions, soulèvement prématuré ou tardif, le sang qui risquait de couler encore une fois pour rien. Puis, un autre camarade, dans une autre prison, recevait la précieuse boîte d'allumettes, il décollait le morceau de papier et commençait à rédiger le texte définitif.

Des pas retentirent. L'homme s'arrêta d'écrire. Sans perdre son sang-froid, il cacha le bout de papier et le crayon dans une fente du mur, sous sa paillasse, et se prépara. Il enleva d'abord ses lunettes et les posa dans un coin ; ils allaient les lui briser, les éclats de verre lui entreraient dans les yeux, le rendraient aveugle. Il prit ensuite un morceau de chiffon qu'il gardait toujours prêt et le fourra dans sa bouche pour ne pas se mordre la langue. La porte de la cellule s'ouvrit, deux grands costauds l'empoignèrent et le firent sortir à coups de pied. Au moment où il passait devant une cellule voisine, quelqu'un à l'intérieur colla son visage contre le bois de la porte et lui cria : « Courage, Socrate !... On est tous avec toi !... » Le détenu se retourna, sourit. Sans lunettes, ses yeux montraient, concentrée en mille petites rides, toute la fatigue qui les avait accablés dans la cellule, tandis qu'ils regardaient pendant des heures, de près, de très près, les lettres microscopiques.

Dès qu'il entra dans le bureau des interrogatoires, on lui donna un coup de pied dans l'estomac. Plié en deux, le souffle coupé, l'homme entendit à nouveau crier dans le couloir : « Courage, Socrate !... On est tous avec toi !... » Alors ils se remirent à le frapper, plus fort, plus sauvagement, et l'homme comprit qu'à cet instant difficile, il était seul, tout seul dans ce bureau. La douleur qui lui vrillait les entrailles ne se partageait pas, ne pouvait être partagée avec personne. Même si les autres détenus se mettaient à hurler, à cogner aux portes des cellules avec leurs gamelles vides et leurs chaussures, pour emplir la prison de bruits, de cris, pour ne pas laisser le silence s'abattre lui aussi sur le corps de l'homme, en même temps que la barre de fer, en même temps que le fouet... Mais le silence finissait toujours par l'emporter, lorsque le sang commençait à couler de la bouche, des narines, des oreilles, à tomber goutte à goutte sur le plancher.

Ils le relevèrent, le plaquèrent contre un mur en le maintenant debout, et attendirent. Mais Socrate ne parla pas, il ne pouvait rien dire, il ne savait pas, il n'avait jamais posé de questions. Hors de prison, il gagnait sa vie avec son métier, avec sa petite boutique dans un quartier pauvre du Pirée. Il était orfèvre, les jeunes ouvrières du coin lui faisaient orner les cuivres de leur dot et leurs bijoux de fleurs, de guirlandes ou de papillons, les jeunes gens commandaient des alliances et Socrate gravait les noms, la date des fiançailles. On venait aussi du parti lui passer un autre genre de commandes, une carte d'identité à falsifier, un nom à changer sur un certificat ou un passeport. Et Socrate ôtait ses lunettes, saisissait sa loupe et se mettait au travail. Quand il se sentait fatigué par le fignolage d'une signature, la contrefaçon d'un tampon, il prenait une bague et gravait à l'intérieur un cœur, une date, un nom, selon les désirs des clients. Le jour où quelqu'un du parti vint l'avertir qu'il serait peut-être convoqué à la Sûreté pour un interrogatoire, Socrate ne demanda ni pourquoi ni comment. Il veilla seulement à laisser les clés de la boutique chez le mercier d'à côté, pour permettre aux gens de récupérer leurs bijoux, au cas où il ne reviendrait pas.

Ils le frappèrent à nouveau et attendirent. « Courage, Socrate ! » crièrent encore les détenus. L'orfèvre voulut serrer les dents, mais ils l'attrapèrent par les cheveux et le menton, lui ouvrirent la bouche et lui retirèrent le chiffon. Socrate comprit : ce jour-là ils voulaient des cris, des aveux, ils allaient employer les grands moyens. Quelque temps auparavant, la première déclaration publiée par le parti était sortie de leur prison ; ils voulaient savoir, en être sûrs. Lorsqu'il les vit le déshabiller, il eut peur. Il avait entendu dire qu'il fallait s'attendre à tout… Ce n'était pas par crainte d'être avili, humilié ; il était certain qu'il pourrait résister à beaucoup d'autres tortures, beaucoup, excepté celle-ci… Car le sang ne jaillirait pas, la douleur n'existerait pas, il ne sentirait que la chair immonde du tortionnaire toucher la sienne. Ce serait comme si dans ses veines, dans son cœur, dans sa mémoire, allait pénétrer à jamais, épaisse, gluante comme un crachat, toute la fange de l'infâme race humaine…

Il s'était promis de ne pas crier, mais il ne pouvait pas, et de plus c'était dangereux. Dans les cellules voisines les camarades s'inquiéteraient du silence qui régnerait. Chaque fois que les cris, les coups de poing et les hurlements s'arrêtaient brusquement, cela signifiait aveu, évanouissement, ou mort.

Socrate poussa un cri : « Ils vont me violer, camarades ! »

Dans leurs cellules, tous restèrent pétrifiés. Ils savaient que c'était déplacé à présent de lui répéter « courage, Socrate ». Cela ne servirait plus à rien, personne ne pourrait plus rien pour l'orfèvre, plus rien pour le parti, pour soi-même, pour le monde entier. La terre mourait, éclatait comme une grenade pourrie, ses entrailles noires et infectes souillaient l'univers.

Un détenu se mit alors à hurler : « Honte à vous, frères tortionnaires ! » Cet appel soudain des camarades, ce désespoir profond, extrême, cingla Socrate en plein visage. Il comprit que la plus grande douleur, la plus insupportable en ce monde, était de voir l'homme s'agenouiller, s'incliner devant la force brutale, lui demander pitié. Les yeux de l'orfèvre ne distinguaient plus rien, l'espèce humaine avait disparu, il ne restait sur terre que les animaux, l'herbe, les arbres, les pierres muettes et sans vie, les mers calmes et immobiles. Il n'existait plus ni justice ni injustice, ni mensonge ni vérité ; seuls demeuraient les yeux brillants et limpides des bêtes sauvages, qui regardaient le monde et s'en délectaient.

Un policier détacha son ceinturon, baissa son pantalon et se prépara. Socrate lança un cri rauque, désespéré, tragique, mais voyant que l'autre ne s'arrêtait pas, se rapprochait de lui, il se retourna brusquement et de toutes ses forces il se frappa la tête contre le mur. Le sang coula de la bouche, des narines, des oreilles, son corps s'affaissa comme un sac vide.

Ils le laissèrent.

Dans tous les couloirs, dans les cellules, s'abattit un silence glacial. Les détenus collaient en vain l'oreille contre les portes, les murs, les tuyauteries, pour percevoir quelque chose, comprendre. Cette fois-ci, on n'entendit ni les habituels traînements de pieds à la sortie du bureau des interrogatoires, ni les pas des gardiens qui soutenaient le prisonnier pour le ramener dans sa cellule.

A présent, seul un silence lourd, épais, insoutenable. Puis une porte s'ouvrit. Les détenus dressèrent l'oreille. A l'entrée du couloir, un policier ordonna : « Avance tout seul ! » A moitié évanoui, couvert de sang, Socrate s'appuya un instant au mur pour reprendre des forces. Puis il fit quelques pas, mais s'arrêta de nouveau, le sang qui dégoulinait de son front l'aveuglait, il ne voyait plus rien, il ne savait pas où il était, où il allait. Derrière lui, le policier attendait, il attendait de le voir tomber, s'écrouler, tendre la main, pour courir l'aider, le relever, l'humilier par ce simple moyen, puisqu'il n'y était pas arrivé autrement.

Socrate tomba, laissa échapper un long gémissement, mais il ne tendit pas la main, il ne dit rien. Il serra les dents, se redressa sur ses genoux, tourna la tête et regarda le policier d'un œil flottant, vide, comme on regarde un mur pourri qui ne sert à rien. Il se remit debout : « Camarades ! » cria-t-il avec le peu de force qui lui restait.

Ils l'entendirent.

Et l'un de pousser des hurlements sauvages, inarticulés, l'autre de rire, de pleurer, de s'efforcer d'entonner un chant. Puis recommencèrent le martèlement des gamelles, les coups de chaussures contre les portes, les cris de réconfort. Socrate reprit courage, il redressa le front, malgré le sang qui inondait son visage, malgré ses jambes qui fléchissaient chaque fois qu'il faisait un pas et s'appuyait au mur pour ne pas tomber. Lorsqu'il parvint à la porte de sa cellule, tous les camarades l'encouragèrent à nouveau. Socrate avança, entra et ferma lui-même. Quand le policier parcourut à son tour le couloir pour aller verrouiller la porte, les détenus se mirent à cracher tous ensemble, comme si devant eux passait la saleté la plus repoussante du monde.

Socrate s'écroula sur sa paillasse, mais pas pour reprendre ses esprits, bander ses blessures avec les chiffons qu'il avait préparés à l'avance, arrêter le sang avec le tabac des mégots qu'il gardait dans ce but au fond d'une petite boîte. Il retira de sa cachette le morceau de papier, le crayon bien taillé, et continua de rédiger le texte du communiqué. Mais il ne put écrire que quelques mots, ses forces l'abandonnaient, ses yeux se brouillaient pour de bon.

L'orfèvre s'arrêta, laissa son travail pour plus tard, sans remarquer qu'une gouttelette de son sang était tombée et séchait sur le papier.

« ... Markos m'a montré sur le bout de papier une toute petite tache, on aurait dit de la rouille. “ Il y a aussi un mot à moitié effacé, m'a-t-il dit, si j'avais une bonne loupe, j'arriverais peut-être à le déchiffrer. ”

Il s'est cassé la tête pendant des jours et des jours sur ce mot illisible, il me disait qu'en prison ses camarades en avaient sans doute bavé pour ça, qu'on avait dû les torturer, que certains avaient même dû y laisser leur peau. Tu te rends compte, pour un mot !... S'il n'a pas d'instruction, l'homme se sacrifie pour trois mètres de terre ; s'il est instruit, il va se faire tuer pour trois malheureuses lettres de l'alphabet...

Moi je n'ai jamais eu de terre à moi, ni d'instruction. C'est peut-être pour ça que j'ai vécu tant d'années. »

XIV

« … Markos a passé l'hiver chez nous. Certains de ses camarades venaient de temps en temps le voir en cachette, la nuit. Je discutais moi aussi avec eux, j'apprenais les nouvelles. On parlait de plus en plus de guerre avec les Italiens et les Allemands…

C'est avec les Italiens qu'elle a commencé, en Albanie. On s'en est tiré, mais les Allemands qui descendaient derrière, nous ont complètement balayés. Markos et ses camarades ont pu souffler un peu, le gouvernement a cessé de les poursuivre, il avait d'autres chats à fouetter…

Quand les Allemands ont fait leur apparition dans la région, Markos nous a quittés et on ne l'a plus revu, le malheureux. Plus tard, on a appris qu'il était allé rejoindre ses camarades dans une prison, près de Corinthe. Certains nous disaient que les nôtres l'avaient arrêté et qu'il était mort en déportation, d'autres que les Allemands l'avaient exécuté, personne ne savait au juste ce qu'il était devenu.

Avant de partir de la maison, Markos m'avait donné l'adresse d'un de ses amis. Lui non plus ne savait pas très bien. Il ne m'a dit qu'une seule chose : ce n'était ni les nôtres ni les ennemis qui avaient tué le pauvre forgeron, mais ces maudites années que nous vivions… »

Markos parvint à la prison avant les Allemands. C'était le point du jour, et dans le golfe de Corinthe montait un soleil blafard, anémique — il ne montait pas, il agonisait, il se traînait sur un ciel obstinément grisâtre, le jour ne changeait pas d'aspect. A travers la brume humide du matin se profilèrent les sombres murailles de la vieille bâtisse. Le forgeron s'arrêta un instant, il regarda étonné : la grande porte de la prison ne semblait pas gardée. Devant une baraque délabrée qui faisait office de poste de garde, un soldat sans armes, dépenaillé, à la barbe longue et sale, avait allumé un feu avec de vieux bouts de bois et essayait de dégourdir ses mains glacées. Il vit Markos approcher, mais continua, indifférent, à se réchauffer.

— C'est à quelle heure les visites ? demanda le forgeron.

— Quand tu veux, répondit l'autre d'un ton moqueur tout en remuant ses braises.

— On les a transférés ailleurs ? s'inquiéta Markos.

— Qui ça ?

— Les détenus.

— Quelques-uns seulement, les droit commun.

— Et les autres ?

— Quels autres ?

— Les politiques.

— Les quoi ? Ah ! Les cocos, tu veux dire... Ils sont à l'intérieur.

— Où ça ?

— Dans leurs cellules. Si tu ne les trouves pas là, c'est qu'ils doivent tenir réunion au sous-sol, dans les cuisines. Je suis allé leur dire que les Allemands vont débarquer d'un moment à l'autre ; dans l'après-midi, ce soir au plus tard, ils vont entrer dans Corinthe et vous serez faits comme des rats, que je leur ai dit. Tu parles ! Rien à faire... De sacrées caboches ces types, ils restent là à attendre. Qu'ils attendent si ça leur chante...

Le bois était trop humide, et la fumée en jaillissait noire, épaisse. Le soldat frottait tout le temps ses yeux rouges qui pleuraient.

— Tu es allé au front ? demanda Markos.

— Non, heureusement, je l'ai échappé belle. Grâce au ventre de ma mère qui m'a fabriqué sept frangines. Je suis le seul garçon. Soutien de famille, comme on dit... Bref, j'ai eu de la veine. Reste à voir maintenant comment diable je vais marier toutes ces femmes...

Il se leva, entra dans la baraque délabrée. Il en ressortit tenant une gamelle remplie d'eau et un petit sac :

— Si on se faisait un thé, pour se réchauffer les os ? proposa-t-il. Te fais pas de bile pour tes copains, tu vas pas les paumer. Si par hasard ils changent d'avis et que ça les prend de s'en aller, ils passeront par ici...

Il jeta le thé dans l'eau, déposa la gamelle sur le feu et attendit sans parler. Markos attendit lui aussi. Le silence qui régnait à l'entour et cette brume glaciale qui envahissait la cour et ne voulait pas se dissiper l'avaient soudain isolé de ses camarades, isolé du monde entier. Où était la guerre ? Pourquoi ne l'entendait-il pas ? Pourquoi ne la sentait-il plus en lui, crier au fond de son cœur, comme tant et tant de fois, jadis, alors qu'il courait avec les autres sur les chemins d'Asie Mineure ? Les craintes, les angoisses, les passions qui l'avaient fidèlement accompagné pendant toutes ces dernières années s'apaisaient, se recroquevillaient, ou changeaient de route et disparaissaient, comme les chiens qui flairent tout à coup une autre trace, la suivent et s'éloignent de leur maître.

— Il n'y a pas de sucre mais ça fait rien, on se réchauffera quand même, dit le soldat.

Quelque part au loin retentit une explosion.

— Ça doit être les nôtres qui font sauter les ponts. Ça veut dire que les Allemands approchent... Tiens, le thé est prêt.

Markos se souvint d'un vieillard, durant la guerre d'Asie Mineure. Les Turcs avaient pénétré dans son village et brûlaient tout, les maisons flambaient, les gens couraient comme des bêtes affolées, et de toutes parts s'élevaient des fumées et des lamentations. Au milieu de cet enfer, assis sur le seuil de sa maison, le vieillard grattait la terre d'une jacinthe qui venait de pousser dans un pot. Comme s'il ne voyait rien, n'entendait rien, ne ressentait rien. Markos le secoua, lui cria de se lever, de s'enfuir, sinon les Turcs allaient venir l'égorger devant sa porte comme un poulet. Le vieil homme haussa les épaules, ses yeux souriaient, paisibles, il montra sa fleur : « Moi je vais mourir, mais elle va vivre, elle », répondit-il tranquillement et il continua son travail. Tandis qu'il s'éloignait, Markos se retourna, le regarda une dernière fois. Il eut l'impression que le corps du vieillard avait soudain grandi, se tenait tout droit, que de ses épaules et de son torse poussaient de petites feuilles toutes vertes, que sa tête blanche se métamorphosait en une immense et magnifique jacinthe.

La gamelle de thé chaud se mit à passer d'une bouche à l'autre :

— Tu n'es pas du tout allé à la guerre ? demanda Markos.

— Je t'ai pas dit ? Ils m'ont trouvé une planque, service auxiliaire, comme on l'appelle. Je gardais des prisonniers, on me bringuebalait d'une prison à l'autre. Finalement je me suis retrouvé ici...

— Tu as fini ton service ?

— Si on veut... Tous les gardiens se sont barrés. Dès que le bruit a couru que les Allemands débarquaient, ils se sont tous envolés en fumée. Ils ont seulement ramassé quelques droit commun, des assassins, des voleurs, des cambrioleurs, des types de ce genre-là, ils les ont mis dans un camion et ils ont filé.

— Et toi, pourquoi tu es resté ?

— Et pourquoi je serais parti ? Pour aller où ? Je suis de la région, mon village est à une heure de marche... Quand je les ai vus partir, je me suis dit : laisse-les partir, t'en fais pas, bientôt il en viendra d'autres, les prisons ne se vident jamais. Maintenant que les Allemands vont arriver, on va pas chômer. Cette prison-là, je la connais comme ma poche, ils me nommeront gardien.

— Tu vas travailler pour les Allemands ?

Une deuxième explosion se fit entendre, plus proche que la

précédente, mais suivie cette fois-ci de rafales de mitrailleuse. Le soldat dressa l'oreille sans cesser de siroter son thé :

— Ils se battent près de l'Isthme, déclara-t-il. Ce soir au plus tard ils seront ici... Qu'est-ce qu'on disait ?

— Les Allemands, tu vas travailler pour eux ?

Le soldat tendit la gamelle :

— On va tous travailler pour eux désormais.

— Pas moi en tout cas, rétorqua Markos d'un air résolu.

L'autre montra tranquillement la prison :

— Tu dois être de la même trempe que tes copains, là-dedans... Ce sont tous de braves types, les plus sages parmi tous les détenus. Jamais je ne les ai entendus rouspéter, et jusqu'à ce jour il n'y en a pas un seul qui se soit tiré... Si les prisons n'avaient que des communistes, nous les gardiens on se retrouverait au chômage. Mais qu'est-ce que tu veux... C'est terminé tout ça, ces gentillesses-là n'ont plus cours en ce monde. Tu entends ce qui se passe dans l'Isthme ? C'est le fusil et le feu qui causent maintenant. Ce coup-ci, ça va nager dans le sang. Fini les prêchi-prêcha ; le curé est descendu de sa chaire et c'est le Diable qui nous lit son évangile.

— La force et le fascisme ne passeront pas, répondit Markos comme s'il se parlait à lui-même.

Le soldat se mit à rire :

— Passeront, passeront pas, ils sont déjà passés, mon pote, et ils arrivent, t'es sourd ?

— On va résister, il faut qu'on résiste, qu'on se batte.

— Avec quoi ? A coups de pets et de lance-pierres ? On va s'en tirer comment ? On n'est qu'une poignée d'hommes.

— Autrefois aussi on n'était qu'une poignée, mais on s'en est sorti.

L'autre hocha la tête :

— Ça, mon vieux, on nous l'a assez rabâché. A l'école déjà l'instituteur nous le racontait : Léonidas et ses trois cents troufions, Marathon, Salamine et tout le bataclan... Mais j'aimerais bien voir la gueule de Léonidas aujourd'hui, s'il voyait les Allemands descendre avec leurs canons et leurs avions… Ce genre d'héroïsme, ça passe plus.

— Épée ou mitraillette à la main, l'homme reste toujours un homme, répliqua Markos l'air pensif.

Le soldat termina son thé et essuya soigneusement la gamelle avec un chiffon. Du côté de la mer on entendait de plus en plus clairement les chenilles des blindés qui avançaient dans la plaine, vers la route asphaltée qui les mènerait à l'autre bout du Péloponnèse. Sur le ciel gris le soleil s'efforçait de grimper un peu plus haut, mais il n'y arrivait pas ; il s'accrochait aux nuages, les rassemblait autour de lui et cachait, honteux, son visage.

Là-bas, à l'ouest, des avions surgirent. Le soldat les montra à Markos :

— De quels hommes tu parles, mon vieux ? dit-il. Là-haut, dans ces engins, il n'y a pas d'hommes, mais des électriciens, des ingénieurs, des types comme ça. Ils n'ont qu'à appuyer sur un bouton pour lâcher leur bombe, et clap !… Comme l'oiseau qui te lâche sa petite merde sur la tête ; qu'est-ce qu'il en a à faire de notre héroïsme, l'oiseau ? Il ne regarde même pas ce qui se passe au-dessous… C'est fini ton bon vieux temps, le monde a changé… Il y a quelques jours, un avion est venu s'écraser par là-bas, dans un champ, et le Boche qui le conduisait on l'a sorti de là morceau par morceau, comme ma mère sortait la viande de la casserole quand le rata avait attaché. Et tu sais pourquoi il est tombé, l'avion ? Parce que dans l'essence il y avait une petite saleté de rien du tout, elle a bouché le carburateur et fini, terminé ! Et toi tu viens maintenant me parler d'héroïsmes et d'hommes… Disons que t'es un héros, d'accord ? Voilà qu'une toute petite saleté te fiche par terre, et on vient te ramasser à la petite cuillère… Jusqu'à présent, mon vieux, l'homme se battait contre un homme, ils sortaient des couteaux, des flingues, et ils réglaient leurs comptes. Désormais, on devra se battre contre les petites saletés qui nagent dans l'essence…

Il se leva, s'étira pour se dégourdir les membres, alla jusqu'à la porte de la prison et regarda vers la plaine :

— Si tu veux dire au revoir à tes copains, fais vite, dit-il. Dans une heure maximum les nouveaux patrons seront là, et il faut que je me prépare.

Ils avaient en vain dépensé leur salive depuis le matin, ils n'avaient pas pris de décision. Aucun ordre, aucune instruction du parti. Les camarades en liberté s'étaient dispersés un peu partout, à Athènes, au Pirée, comme les petits du lièvre — chacun pour soi, et on verrait plus tard. Dans des réduits secrets ou dans des caves, les spécialistes travaillaient sans relâche, fabriquant à la pelle de faux passeports, falsifiant certificats et cartes d'identité. Les temps noirs étaient finis, et d'autres commençaient, plus noirs encore ; double clandestinité, doubles précautions et plus grands dangers. Les Allemands ne plaisantaient pas, ils étaient organisés, ils savaient où, quand et qui frapper. Les nouvelles qui venaient de partout, de France, d'Italie, des Balkans, prouvaient que cette fois-ci la situation serait pire que jamais : partout où passait l'Allemand, on voyait partir ensuite des camions et des trains bondés de détenus, qui faisaient route vers l'Allemagne — travail obligatoire, camps, exécutions, les gens mouraient par milliers, comme des mouches.

Le soldat entra dans les cuisines où la discussion se poursuivait avec acharnement. Il donna un coup de sifflet :

— Les Allemands arrivent, annonça-t-il. Vous avez intérêt à plier bagage et à déguerpir, sinon vous allez vous en mordre les doigts.

— Où est-ce qu'ils se trouvent exactement ? demanda quelqu'un.

— Quoi « exactement » ? Ils rappliquent par ici et ils occupent tous les bâtiments publics. Dans moins d'une heure ils vont vous rendre visite.

Un homme entre deux âges, aux cheveux grisonnants et au visage émacié, leva la main :

— Vote à main levée, dit-il. Qui propose l'évasion ?

Le soldat resta bouche bée, il regarda autour de lui, interloqué, essayant de comprendre. Il fit encore une tentative :

— Derrière la prison il y a un chemin de terre qui mène à une ancienne carrière, expliqua-t-il. Tout autour vous trouverez un tas de cachettes, en dix minutes vous y êtes. Les Allemands ne risquent pas de vous courir après, ils ont d'autres chats à fouetter.

Personne ne semblait avoir écouté le soldat, personne ne vota l'évasion. Soudain, Markos leva le bras ; il avait le poing serré :

— Il faut résister, se battre, il ne faut pas les laisser, dit-il d'une voix grave et monocorde.

L'homme entre deux âges sourit :

— Tu es un bon et précieux camarade, Markos, mais tu es nouveau dans le parti, tu n'as pas d'expérience.

Le forgeron sursauta, contenant à peine sa colère :

— Camarade, dit-il d'un ton ferme, je reconnais que mon expérience n'est pas la même que la tienne, mais tu le sais bien, j'ai marché des mois entiers, j'ai parcouru des milliers de kilomètres pour arriver du Caucase jusqu'ici, en Grèce... J'en ai vu beaucoup en chemin.

— Le chemin n'est pas la meilleure école, Markos.

— La prison non plus, camarade, répliqua le forgeron, et il se dirigea vers la porte des cuisines.

Personne ne dit mot, personne ne courut le retenir. Avant de franchir le seuil, Markos se retourna :

— Camarades, excusez-moi, cria-t-il, mais je n'ai pas fait tant de chemin pour crever dans ce trou !

— Il est dangereux, observa quelqu'un.

L'homme entre deux âges fit un signe, et l'autre sortit d'un paquet posé à ses pieds un pistolet. Le soldat comprit, il poussa brusquement Markos dehors, ferma la porte des cuisines et avança d'un pas tranquille et ferme vers le prisonnier armé. Une fois devant lui, il tendit le doigt vers la fenêtre :

— T'entends pas, mon vieux ? dit-il calmement. Les Allemands arrivent. Si t'as du cran et si tu veux jouer au dur, prends ton joujou et va les attendre dehors.

L'homme au visage émacié bondit, s'interposa entre son camarade et le soldat. Dehors, devant la prison, s'arrêtaient déjà les premiers camions pleins de soldats allemands.

Markos les aperçut au moment où il allait traverser la cour. Il n'avait plus le temps. Il recula en vitesse, se précipita de nouveau vers les cuisines, il tomba sur le soldat qui sortait en fermant bien la porte cette fois-ci.

— Je les enferme pour plus de sûreté, dit-il. Les patrons sont là, et si je veux qu'ils me laissent mon boulot, j'ai intérêt à leur montrer que j'en suis capable... Allemands ou Grecs, ils sont tous pareils quand ils ont les clés en main...

Il regarda tout à coup Markos comme s'il le voyait pour la première fois devant lui :

— T'es encore là ?

— Je ne peux pas faire autrement... Ils sont déjà dans la cour, ils vont me remarquer.

Le soldat tripota sa barbe d'un air perplexe, puis il montra la porte des cuisines :

— Si je te mets là-dedans, c'est tes copains qui vont te faire la peau, dit-il. Si tu sors, ce seront les Allemands. Qu'est-ce que tu préfères ? Sauf si...

— Sauf si quoi ?

— Si tu veux rester avec moi... Ils te trouveront du boulot à toi aussi. T'as des papiers ?

Les Allemands ne se pressaient pas. Ils descendirent des camions tout à loisir, se rangèrent et attendirent les ordres de leur officier.

Markos ne répondit pas. Il jeta un rapide coup d'œil à la porte des cuisines ; il lui sembla que ce bois lourd et sale ne l'avait pas seulement séparé de ses camarades, mais de la terre entière. Où aller ? Que faire ? Sa forge abandonnée, verrouillée, son four éteint, ses outils et ses marteaux accrochés au mur, silencieux et inutiles... Il devrait, peut-être, retourner se réfugier dans l'étable de Vanguélis, reprendre avec lui les conversations nocturnes sur les temps perdus, sur les mondes en gestation qui s'obstinent à ne pas naître, rêver encore au grand bonheur qui, dit-on, attend l'homme, maintenant qu'il a fabriqué les machines qui doivent redresser ce que ses mains se sont usées à tordre… Mais combien d'années encore va durer cette tourmente ? Les guerres commencent un jour, mais ne s'achèvent jamais, elles se transforment, pénètrent dans la peau de l'homme, s'y incrustent comme ces parasites tropicaux, et finissent avec le temps par lui empoisonner toute l'existence. Il aurait mieux valu ne pas fuir sa lointaine patrie… A présent, la terre qui l'avait vu naître rétrécissait en lui comme la peau d'un fauve écorché étendue au soleil ; on passe, on la regarde, et on ne peut même pas s'imaginer la beauté et la force de la bête. Seul, en pleine poitrine, à l'endroit du cœur, se distingue le trou laissé par la balle…

Les larmes aux yeux, Markos empoigna le soldat par les épaules :

— Trouve-moi une arme, supplia-t-il. N'importe quoi, je m'en fous, il doit bien exister quelque chose dans cette prison…

L'autre resta stupéfait :

— Ça va pas la tête ? Les Allemands sont dans la cour et toi tu me parles d'armes !

Il regarda autour de lui :

— Tire-toi, et vite, t'as plutôt intérêt… Qu'ils te trouvent pas ici, file !…

Markos fonça vers l'escalier qui menait aux étages de la prison, il trébucha, tomba, se releva et se mit à grimper. Il ne ressentait plus rien, ni la douleur de sa chute ni la menace et la peur. Pourtant il courait, pourtant il montait, ses jambes escaladaient les marches toutes seules, comme si elles savaient, comme si elles étaient prêtes, entraînées depuis des années…

Les Allemands pénétraient dans le bâtiment.

On entendit le cliquetis du trousseau de clés du soldat. Debout dans les cuisines, groupés en cercle entre des chaudrons sales et des épluchures pourries, les camarades attendaient. Le pistolet devait être caché dans une cavité du mur, derrière le tas de charbon. Enveloppées dans du papier sulfurisé, les munitions dormaient sous un amas de cendres que les détenus gardaient dans un coin des cuisines pour leur lessive.

Markos déboucha sur la terrasse du bâtiment, tendit l'oreille. Le soldat discutait avec l'interprète ; les détenus, disait-il, étaient tous à leur place, il les avait comptés — onze exactement. L'interprète aboya quelque chose à l'officier, puis les soldats se ruèrent sur la porte des cuisines pour la fracasser à coups de crosse. Les clés du candidat geôlier ne servirent à rien et le pistolet resta derrière le tas de charbon. Les Allemands éventreraient bientôt les paillasses des prisonniers pour trouver les faux papiers. Les camarades les utilisaient rarement, car la police les détectait facilement — non que le travail fût mal fait, mais parce qu'à l'intérieur des matelas les papiers se couvraient de chiures de punaises, ce qui prouvait immédiatement leur provenance. Tant et tant de gens avaient été arrêtés et torturés pour ces malheureux papiers... Les camarades avaient mené d'innombrables enquêtes pour découvrir le traître. Mais il n'y avait de traîtres que ces petits insectes sordides qui digéraient le sang des prisonniers pour le rejeter ensuite de leur ventre, laissant un grain noirâtre qui se confondait souvent avec les virgules et les points...

Markos se mit à ramper sur les ardoises froides de la terrasse. Soudain, un rire nerveux, irrépressible, le secoua. Les clés inutiles du soldat tintaient encore à ses oreilles ; ses yeux commençaient à se brouiller, la surface de la terrasse, la voûte du ciel, l'univers tout entier se couvraient d'une infinité de points noirâtres, pareils aux chiures de punaises sur les papiers des détenus... Il avait l'impression de se transformer lui-même peu à peu en un grain minuscule, insignifiant, sur le passeport falsifié de l'humanité, en un simple point après le dernier mot prononcé par un monde qui mourait.

Markos se releva d'un bond, fit en titubant quelques pas vers le muret qui bordait la terrasse ; elle aussi avait commencé à se remplir de points noirs. Il y ajouterait le sien ; il ne pouvait rien faire d'autre en cet instant. Et il se jeta dans le vide.

« … Dieu sait où pourrissent les os de ce pauvre Markos… Va donc voir l'endroit où se trouvait sa forge autrefois. La cour n'a pas changé, mais à l'intérieur ils ont fait de son atelier une taverne. Dehors, sur les murs, tu verras des anneaux. Markos les avait mis pour que les gens y attachent leurs bêtes. Aujourd'hui ça sert aux ivrognes, ils s'y agrippent pour ne pas se casser la figure…

Ces anneaux-là, c'est tout ce qui est resté de Markos, notre forgeron. Un jour, en allant à la taverne boire un coup, je les ai regardés et je me suis dit que même si on démolit un jour ces murs, les anneaux de Markos resteront fichés dans les pierres. Qui aujourd'hui aurait du temps à perdre pour retirer du vieux fer de vieilles pierres ?… »

Troisième partie

2 avril 1967

Mon grand-père regarda vers le soleil qui déclinait :

— Il ne va pas tarder à faire nuit, dit-il paisiblement.

Sa voix n'avait pas perdu son assurance d'autrefois. Il me donnait l'impression d'avoir lui-même ordonné au jour de se retirer — l'obscurité lui avait obéi, elle arrivait.

— Quand est-ce que tu pars ? demanda-t-il.

— Demain soir.

— Si tu veux, reste ici pour la nuit.

Je remarquai son regard. Il observait à cet instant le grand citronnier de la cour, il suivait la marche de la lumière de branche en branche, de feuille en feuille, la tête blanche du centenaire s'inclinait avec les derniers rayons de soleil.

— On boit un coup ?

Je lui apportai sa vieille calebasse qu'il aimait, je lui laissai le soin de la déboucher, comme il faisait toujours ; caressant d'abord lentement, doucement, les volutes de sa gorge lisse. Dans un coin de la cour, Sophia avait réuni les lapins autour d'elle et leur donnait à manger. Elle ne nous prêtait pas attention, elle ne nous écoutait pas, elle ne répétait plus à chaque instant, comme dans mon enfance : « Ne donne pas de vin au petit, tu vas lui abîmer la santé. » Il s'était écoulé tant et tant d'années depuis lors, et je savais bien maintenant que si ma santé s'était abîmée, le vin de mon grand-père n'y était pour rien.

— Tu pars pour longtemps ? me demanda-t-il soudain.

Je n'aurais rien gagné à lui mentir, à lui laisser croire que ce serait un voyage comme les autres. D'ailleurs, mon visage, mes paroles avaient déjà dû trahir la vérité, car dès le début il me parlait comme s'il s'adressait à quelqu'un qui était déjà loin, très loin de lui.

Nous avions mis quelques olives dans une assiette et commencé à boire.

Autour de ma grand-mère les lapins grignotaient tranquillement leur herbe. Elle ne les laissait plus se reproduire, car la nourriture devenait de plus en plus chère. Et ils ne pouvaient même plus sortir comme autrefois pour aller brouter : il leur fallait traverser la route et ils risquaient de se faire écraser par les voitures.

Le vin résiné laissait en moi une senteur de forêt de pins.

— Tu l'achètes, grand-père ?

— Et qu'est-ce qui ne s'achète pas aujourd'hui, mon garçon ?

Sur le sol de la cour l'ombre du citronnier s'étirait, s'épuisait, se perdait. Quand je la vis arriver près de moi, devant mes pieds, je tirai un peu ma chaise ; je ne voulais pas marcher sur elle. Mon grand-père sourit :

— Les gens qui passent dans la rue lorgnent les citrons et nous en demandent. Ta grand-mère les envoie promener.

— Peut-être parce qu'elle a planté cet arbre de ses propres mains.

— Oui, de ses mains. Et ce qu'elle a planté, elle ne l'a jamais abandonné à son sort.

Tout en mastiquant une feuille bien verte, l'unique lapin mâle, vigoureux, à l'œil vif, tournait autour d'une femelle pour essayer de la coincer. Ma grand-mère ne cessait de tendre la main pour l'en empêcher.

— Pourquoi elle ne le laisse pas ?

— Qu'est-ce que tu veux… Peu d'herbe, peu d'amours.

Le lapin ne désespérait pas ; de plus en plus excité, il courait après la femelle, ma grand-mère l'arrêtait, mais il recommençait. Je remarquai que l'une de ses pattes avant portait un pansement.

— Qu'est-ce qui lui est arrivé ?

— C'est une femelle qui l'a mordu l'autre jour. Il l'embêtait comme celle-là.

Je voulus plaisanter :

— Le monde se gâte, grand-père ; les femelles ont commencé à mordre !

Il se mit à rire :

— Elles mordent toujours quand il n'y a pas assez à manger...

Je me souvins comment il m'avait raconté quelques années auparavant l'enlèvement de ma grand-mère... « Je me disais : réfléchis bien, mon pauvre vieux, réfléchis bien où tu emmènes cette femme... Les pauvres avec les pauvres et les riches avec les riches, voilà ce qu'on t'a appris, voilà ce qu'on lui a appris aussi à celle que tu trimbales avec toi... »

— C'était comme ça autrefois, grand-père ?

Il me regarda comme s'il ne comprenait pas ce que je voulais dire avec cet « autrefois ». Il n'avait jamais comparé les époques, les années, les jours.

— Comment te dire... Je ne sais pas... Pour nous, il n'y avait ni meilleur ni pire. Parfois, en rentrant le soir à la maison, on se disait : Où est donc Dieu ? Pourquoi il ne nous voit pas ?

— Et vous l'avez trouvé ?

— On était fatigués, trop fatigués, vois-tu, pour nous mettre à sa recherche. On se couchait tout de suite après dîner, on laissait Dieu tranquille, il nous laissait lui aussi...

Il parlait de cent ans d'existence comme s'il était installé devant une fenêtre ouverte et qu'il regardait d'un œil calme et paisible les enfants du quartier jouer à se poursuivre. Puis les jeux s'arrêtaient, le soleil diminuait, et des maisons voisines les mères sortaient et criaient. Tôt ou tard les enfants obéissaient, ils allaient au lit, la récréation prenait fin.

— Un soir, dans mon sommeil, j'ai fait un rêve. J'ai vu le bon Dieu dans la rue avec un grand sac à l'épaule, il distribuait du pain, les gens se précipitaient, tendaient la main et recevaient un morceau. Mais moi je n'ai pas eu le temps, je me suis réveillé, et comme j'étais encore tout étourdi par le rêve, je secoue brusquement ta grand-mère et je lui fais : « Tu as eu le temps toi, Sophia ? »

Je remplis les verres, nous trinquâmes.

Soudain, comme il coupait une tranche de pain, un petit morceau tomba par terre. Mon grand-père se pencha, le ramassa, le baisa avec respect, puis il le porta à son front et fit le signe de croix. J'observai ma grand-mère... Assise sur un tabouret, elle avait pris le lapin sur ses genoux et lui changeait le pansement. Chaque fois que l'animal se rebiffait et voulait descendre, elle se penchait sur lui, lui murmurait quelque chose à l'oreille et il se calmait.

Mon grand-père baissa lui aussi la voix, il tendit le cou vers moi :

— Les choses les plus importantes ne se disent pas, mon petit gars. L'homme les emporte avec lui dans la tombe.

Je l'imaginai montant le sentier vers la chaumière de Dieu. Seul, silencieux, intrépide comme toujours. Je le vis pénétrer dans la grande chambre ensoleillée du Tout-Puissant, jeter à son tour un coup d'œil par la fenêtre grande ouverte d'où le Créateur regarde de temps en temps son monde et s'en réjouit. Et mon vieux grand-père s'oubliait là, Dieu s'oubliait aussi, les deux vieillards aux cheveux blancs étaient assis l'un près de l'autre et sans un mot ils égrenaient leurs chapelets.

— Toutes ces années tu m'as raconté tant de choses, grand-père...

— Je n'ai pas raconté tout ce que j'ai voulu, mais tout ce que j'ai pu.

J'avançai ma chaise, je me collai presque à lui. Je ne voulais pas laisser une seule de ses paroles m'échapper, tomber à terre comme ce petit morceau de pain un instant auparavant. Je ne savais pas encore comment on peut ramasser une parole tombée qui risque de se perdre, comment on doit lui témoigner son respect. Aujourd'hui je le sais, mais il est trop tard, la poussière du chemin a recouvert des mots qui se traînent, qui agonisent, qui meurent.

Il agrippa ma main. Je sentis sa paume rugueuse, solide :

— Et toi, comment tu peux ? murmura-t-il.

— Comment je peux quoi ?

— Écrire ce qui ne s'écrit pas.

Je regardai le lapin qui s'était mis pour de bon en colère, il se débattait, voulait se sauver. Ma grand-mère acheva tranquillement de lui changer son pansement, puis elle ouvrit les bras et l'animal libéré bondit à terre. Mais il ne recommença plus à courir derrière la lapine ; il préféra rester près de la femme, tendre le museau pour réclamer encore un peu d'herbe.

— Tout est donc ainsi dans ce monde, grand-père ?

— Comment ainsi, mon garçon ?

Je lui montrai le lapin qui mâchonnait son herbe, apaisé :

— Tiens, comme ce lapin... Tout à l'heure il voulait à tout prix couvrir la lapine, la seule chose qu'il avait en tête c'était la femelle. Et puis, on lui a donné de l'herbe à manger et terminé, ça lui a passé ; il est redevenu comme les autres lapins.

Il rit. Exactement de la même façon que lorsque j'étais gosse et que je le questionnais sur tout et n'importe quoi. Le plus souvent, il ne m'expliquait pas les choses en paroles. Il me montrait un arbre, une fleur, deux insectes qui s'accouplaient sur une feuille printanière, et il se contentait de me dire : « Regarde et tu comprendras. »

Souriant toujours, il se leva, attrapa le lapin, me l'apporta :

— Ne t'inquiète pas pour lui, mon garçon. Il ne pourra jamais ressembler aux autres lapins.

Il me montra le pansement :

— Il n'a peut-être pas réussi à se taper la femelle qu'il voulait, mais il a essayé, il a fait ce qu'il a pu, le pauvre. Il lui en est resté un pansement, il lui restera aussi la cicatrice.

— Pourtant, il sera lui aussi mangé un jour, dis-je en plaisantant pour le taquiner.

Il hocha la tête :

— On est tous destinés à la marmite de Dieu ou du Diable, fit-il d'un air pensif. Mais la plupart d'entre nous n'ont pas de cicatrice sur eux, comme ce lapin.

Il tapota son ventre, puis le mien :

— De la chiffe molle, de la viande bon marché, se moqua-t-il. Ça n'a pas de goût pour les dents de Dieu. Pour ses chiens peut-être...

Autour de nous l'obscurité était tombée pour de bon, nous n'y avions pas fait attention. Je ne voyais plus nettement son visage. Je ne discernais que ses mains qui jouaient avec les oreilles de l'animal.

Tout en sirotant notre petit verre de vin, nous entendions ma grand-mère qui allait et venait, soignait les bêtes de la maison, les nourrissait, leur donnait à boire et leur disait bonne nuit. Le lapin sauta des bras de mon grand-père, il courut les rejoindre.

Nous restâmes seuls tous les deux.

Sans lumière, sans aucun animal autour de nous. Ma grand-mère avait fini, elle tira derrière elle la porte de l'étable et alla préparer le dîner. Je jetai un coup d'œil vers la vieille petite cuisine en pisé au fond de la cour. Comme chaque soir, Sophia alluma la lampe à huile et la suspendit au-dessus de la cheminée. Il me sembla alors que cette flamme ténue et tremblotante luisait quelque part loin, très loin, à l'autre bout du monde.

3 avril 1967

L'aube n'a pas encore commencé à poindre, mais j'entends déjà mon grand-père qui se lève, attise le feu dans la cheminée, prépare l'infusion de sauge. Par la porte entrouverte de la petite cuisine, je distingue les reflets du feu qui ressuscite, la silhouette droite du centenaire. Je ne peux pas imaginer cette maison autrement, sans celui qui l'a bâtie de ses mains, pierre par pierre, brique par brique. J'ai l'impression que c'est ainsi qu'un jour l'homme a regardé pour la première fois autour de lui, il a dû voir la terre, le ciel, la mer, la beauté de l'animal, du poisson et de l'arbre, et se dire : « Où est donc celui qui a fabriqué tout cela ? » Mais personne ne s'est montré, personne ne s'est jamais levé à l'aube pour allumer du feu dans la cheminée glacée du monde, lui préparer sa tisane.

En sortant dans la cour, je le vois déjà prêt, tenant son vieux bâton de chêne vert, la musette avec notre casse-croûte suspendue à l'épaule.

Il commence à faire jour.

Sur le flanc du mont Pendéli la lumière prend naissance dans les carrières de marbre, elle bondit, tente de grimper vers le sommet, mais ses jambes ne la soutiennent pas encore, elle trébuche, tombe et s'accroche aux racines des pins. Alors, le soleil a pitié d'elle, il se lève, la prend par la main et l'aide. Les premières clartés du jour couronnent les cheveux blancs de mon grand-père, et je revois le centenaire tel qu'il m'est apparu la nuit en rêve : vieillard comme aujourd'hui, alerte, bien droit, Vanguélis cheminait sur une route poussiéreuse et sans fin, il avançait, s'éloignait, s'en allait, et son corps s'estompait de plus en plus. Mais avant de disparaître, avant que ses solides épaules se fondent avec la ligne de l'horizon, mon grand-père s'est retourné, il a levé la main droite comme s'il voulait bénir le monde. Mais il ne l'a pas béni — il l'a effacé d'un seul geste, comme un dessin dont il s'était lassé et qu'il désirait remplacer par un autre.

Nous nous mettons en route.

Il marche vite, à grands pas, et je suis forcé de rester en arrière, de le suivre comme un gosse, de la même manière que toutes ces années, lors de nos interminables promenades. Ainsi, je ne vois pas son visage, son regard ne me trouble pas, je peux à présent observer de mes propres yeux la terre de mon pays.

Rares, croulantes les vieilles maisons du village de jadis. Leurs murs s'effritent et penchent, la terre qui les a fait naître les recueille en silence, elle les prend démolis dans ses bras, ils s'unissent à sa chair. Les cours se remplissent de décombres, des bulldozers voraces se relaient sans cesse, ils foncent et comme des hyènes déchiquettent tout, pour élargir les routes, laisser circuler davantage de voitures. Je tourne mes regards un peu partout, je cherche à reconnaître quelque chose, à me souvenir, mais il ne subsiste que peu de traces, et elles se perdent lentement elles aussi. On coupe les arbres pour ne pas gêner les fils électriques, les vieux chemins de terre disparaissent sous le goudron brûlant qui les fossilise comme la lave d'un volcan.

Nous atteignons à présent les limites de l'ancien bourg, là où autrefois s'étendaient à l'infini les potagers verdoyants du village, les oliveraies et leurs arbres gigantesques à l'écorce rugueuse. Il en reste encore quelques-uns çà et là, leurs olives pourrissent au pied de l'olivier ou gisent éventrées au milieu de l'asphalte. L'huile qui s'écoule de leurs entrailles met longtemps à sécher, le sang de l'arbre séculaire brille sous la lumière du soleil, il agrémente quelque peu la triste noirceur de la route.

Soudain, j'aperçois le ravin, profond, abrupt, toujours protégé par des ronces, des broussailles et des agaves. Cet endroit, l'homme le respecte — il le respecte parce qu'il en a peur, il lui apparaît comme un monstre préhistorique, comme un serpent dangereux dont la tête et la queue demeurent cachées, les promoteurs ne savent pas par quel bout le prendre, comment le dompter et en finir une fois pour toutes avec lui, le recouvrir de béton et de fer. Ils se tiennent aux aguets un peu plus loin avec leurs machines et réfléchissent. Un jour ils trouveront un moyen, ils inventeront un système, certains ont déjà commencé timidement à s'en approcher, ils construisent des baraques en ciment, les remplissent d'outils, regardent le ravin d'un œil torve et se préparent.

— Comment se fait-il, grand-père, qu'on n'y ait pas touché ?

— Ils sont venus pas mal de fois et ils ont bien essayé.

D'abord, ils ont voulu le combler avec des ordures et de la terre, mais là-dessus l'hiver est arrivé, Dieu a fait pleuvoir, les eaux ont dévalé de la montagne, elles ont emporté les ordures jusqu'à la porte des gens, ça empestait... Ensuite, ils ont essayé de le recouvrir d'une route, mais le ravin était trop large, il n'y avait plus d'argent et ils ont laissé tomber les travaux.

— Ils trouveront un moyen, grand-père, ils arriveront bien à le faire disparaître.

— T'en fais pas, mon garçon. Un jour ou l'autre la terre en aura assez, elle se mettra en colère, comme toutes les braves bêtes du monde quand les mouches qui leur collent à la peau les enquiquinent trop...

Il regarde au loin, au-delà du ravin, une petite chapelle isolée sur un terrain vague, il se signe.

— Les gens sont des mouches, grand-père ?

Il reste un instant silencieux, il va et vient, cherche à retrouver le sentier d'autrefois. En face, près de la chapelle, je distingue une très vieille noria toute déglinguée, entourée de quelques myrtes qui vivotent encore l'un contre l'autre, se partagent amicalement la dernière humidité de leur terre.

— Et quoi d'autre ? Des mouches, et en surnombre. Dieu les entend bourdonner et il se dit : laissons-les vivre encore aujourd'hui ; j'ai toujours le temps de prendre mon tue-mouches...

Il trouve le passage, ouvre la marche et descend lentement mais d'un pied ferme. Il y a des années que les pierres n'ont pas entendu le pas d'un homme, elles s'affolent, dégringolent vers le fond du ravin, s'entrechoquent, courent, nous suivent, nous dépassent, filent devant nous, trouvent un coin plat, s'immobilisent et gardent le silence. Lorsque nous débouchons de l'autre côté, le soleil est déjà haut. Sur la terre en friche les fourmis s'activent autour de leurs fourmilières, les fortifient avec du sable, elles se croient en sécurité, entassent des graines pour l'hiver et attendent...

Nous approchons de la petite église.

Soudain, au pied d'un myrte, un bruissement sourd. Nous

restons immobiles, l'un près de l'autre, calmes, prêts, et nous attendons. Le bruit s'arrête, puis reprend devant nos pieds — une belle vipère lève lentement sa tête et nous regarde.

Là-bas, du côté du ravin, nous entendons un bulldozer qui creuse. Comme pour lui répondre, comme pour s'accorder avec lui, une autre machine, plus lointaine, se met à son tour à rugir, elle éprouve sa force, elle se prépare.

Alors nous comprenons. La vipère comprend aussi. Le temps des faux-fuyants est révolu, il ne reste qu'une seule solution. Il faut se réconcilier ici-même, et vite, signer la paix, associer nos armes — le serpent son venin et nous notre cervelle.

Nous avançons sans précaution.

Le reptile ne nous menace pas, il ne se fâche pas de nous voir passer sur le peu de terre qui lui est restée, il se love tranquillement, il nous donne libre accès.

Nous faisons le signe de croix et pénétrons dans l'église.

Nous avons fermé la porte derrière nous. On n'entendait plus rien, ni bulldozer ni machine. Le ravin tenait encore bon, et la vipère était à l'affût près du myrte, prête à se défendre, prête à mordre.

— Jusqu'à quand, grand-père, jusqu'à quand va-t-il résister ce bout de terre ? ai-je murmuré.

Il s'est tourné, m'a regardé, il allait dire quelque chose, mais les mots se sont arrêtés sur ses lèvres, pour se transformer en un sourire amer. Un peu de soleil s'était glissé par la petite lucarne du sanctuaire, formant une tache ronde et lumineuse devant l'autel. Mon grand-père me l'a montrée :

— Allons nous asseoir un instant, a-t-il dit. La journée est loin d'être finie et nous avons encore du chemin à faire.

Nous nous sommes assis par terre, dans le sanctuaire, Vanguélis a ouvert sa musette, il a sorti du pain, du vin, il a étendu notre petit casse-croûte sur la tache de lumière.

— Ta grand-mère et moi, on venait souvent ici quand on était jeunes, a-t-il soupiré.

Il a levé la gourde, il a bu, puis me l'a tendue.

Je lui ai baisé la main.

— Tu ne peux pas imaginer quelle belle femme c'était, a-t-il poursuivi. La première fois que je l'ai vue, elle cueillait des olives. J'étais allongé derrière des roseaux, je l'ai entendue chanter et j'ai levé la tête...

IMP. HÉRISSEY À ÉVREUX (EURE)
D.L. 4e TR. 1982. N° 6269 (30192)

IMP. HÉRISSEY À ÉVREUX (EURE)
D.L. 4e TR. 1982. Nº 6269 (30192)